推销的艺术

The Art Of Selling

崔小西 ◎ 著

江西美术出版社
JIANGXI FINE ARTS PUBLISHING HOUSE

图书在版编目（CIP）数据

推销的艺术 / 崔小西著 . -- 南昌：江西美术出版社，2017.5（2019.5 重印）

ISBN 978-7-5480-4259-4

Ⅰ . ①推… Ⅱ . ①崔… Ⅲ . ①推销—通俗读物 Ⅳ . ① F713.3-49

中国版本图书馆 CIP 数据核字 (2017) 第 033784 号

出 品 人：周建森
企　　 划：北京江美长风文化传播有限公司
策　　 划：北京兴盛乐书刊发行有限责任公司
责任编辑：王国栋　楚天顺　李小勇
版式设计：阎万霞
责任印制：谭　勋

推销的艺术

作　　者：崔小西

出　　版：江西美术出版社
社　　址：南昌市子安路 66 号江美大厦
网　　址：http://www.jxfinearts.com
电子信箱：jxms@jxfinearts.com
电　　话：010-82093808　　0791-86566124
邮　　编：330025
经　　销：全国新华书店
印　　刷：北京柯蓝博泰印务有限公司
版　　次：2017 年 5 月第 1 版
印　　次：2019 年 5 月第 2 次印刷
开　　本：880mm×1280mm　1/32
印　　张：7
Ｉ Ｓ Ｂ Ｎ：978-7-5480-4259-4
定　　价：26.80 元

前言

推销是一门艺术，其最高境界是"在任何时间任何地点将任何产品推销给任何人"。

组织、事业和个人的成败，都离不开推销能力和掌握推销能力的人。

总统候选人为了赢得选票，要把自己的施政纲领推销给选民；创业者为了赢得投资，要把自己的财富故事推销给风险投资家；企业为了赢得市场的青睐，要把自己的产品推销给消费者；男人为了赢得女人的芳心，要把自己的魅力和风度推销给心仪的对象……

人与人之间、人与社会之间，接受与拒绝、认可与反对、吸引与排斥、选择与放弃的背后，无一不是与推销的成败有着千丝万缕的关系。

掌握了推销的艺术后，你想认识谁，就能认识谁；你想说服谁，就能说服谁；你想和谁做生意，就能和谁做生意……这本《推销的艺术》将让你领略其中的奥秘，不信你可以先阅读下面两个案例。

案例一：如何成为比尔·盖茨的女婿？

一天，父亲对儿子说"儿子，你已经长大了，该娶媳妇了。我给你找个老婆吧。"儿子说："我不要。"父亲又说："可她是比尔·盖茨的女儿"。儿子听了说："好吧。"

第二天，这位父亲找到了比尔·盖茨并对他说："尊敬的比尔·盖茨先生，我给你找了位女婿。"

比尔·盖茨说："想做我女婿的不胜枚举呢。我不需要。"父亲说："可这个人是世界银行的副总裁呢！"比尔·盖茨听后说："那好吧。"

又过了一天，这位父亲又去找世界银行总裁说："尊敬的总裁，我给您找了位副总裁。"银行总裁说："我们这里已经这么多银行副总裁，没有必要再多招一个了。"父亲说："可我为您找的这个人是比尔·盖茨的女婿呢！"

银行总裁听了后想了想，能做比尔·盖茨的女婿一定很有能力，于是同意了这位父亲的要求。

于是，这位穷父亲的儿子既顺利地做了比尔·盖茨的女婿也当上了世界银行副总裁！

案例二：如何把斧子推销给布什总统？

布鲁金斯学会创建于1927年，以培养世界上杰出的推销员著称于世。它有一个传统，在每期学员毕业时，都会设计一道能够体现推销员实力的实习题，让学生去完成。克林顿当政期间，他们出了这么一个题目：请把一条三角裤推销给现任总统。八年间，有无数个学员为此绞尽脑汁，最后都无功而返。克林顿卸任后，布鲁金斯学会把题目改成：请将一把斧子推销给小布什总统。

在众多学员中，乔治·赫伯特做到了！一位记者在采访他的时候，他是这样说的：我认为，把一把斧子推销给小布什总统是完全可能的。因为小布什总统在得克萨斯州有一座农场，那里长着许多树。于是我给他写了一封信。信中说，有一次我有幸参观您的农场，发现那里长着许多矢菊树，有些已经死掉，木质已变得松软。我想，您一定需要一把小斧头，但是从您现在的体质来看，这种小斧头显然太轻，因此您仍然需要一把不甚锋利的老斧头。现在我这儿正好有一把这样的斧头，正是我祖父留给我的，很适合砍伐枯树。倘若您有兴趣的话，请按这封信所留的信箱，给予回复……然后他就给我汇来了15美元。

原来这样也可以啊？是的，原来这样也可以！上面两个案例，是不是让你的脑洞大开呢？而在《推销的艺术》中，类似这样的案例和故事，随处可见，每一则都蕴含着精妙的哲理，每一则都体现着高超的智慧，可以事半功倍地提升你的推销能力。

此外，书中还列出了推销员实战中常见的错误及解决方案，以便各位推销员朋友解决实际中遇到的问题，帮助他们及时弥补业务上的不足，提高专业能力。这给以推销为职业的人，提供了反省的镜子和成功的指南。

建议在你的枕边和书包里，放着这本《推销的艺术》，它会在你需要的时候随时指导你，给你鼓励和正确的指引，帮助你签下一张张"人生的订单"，成为出类拔萃的人！

目录
CONTENTS

第 7 章　向女性推销的艺术

第 8 章　实战进阶：38 个推销错误与解决之道

第 *1* 章

推销员的专业素质与能力

推销人员的基本能力是指推销人员在日常工作中从事推销活动所运用的专门技巧和基本能力。

一名优秀的推销员需要具备出色的口才、一流的实战经验和独到的成交技巧，才能在推销工作中无往不胜。

坚定的推销信念

许多刚入行的推销员总爱问："要怎样做才能推销成功？""要怎样做才能成为一位成功的推销员？"大家都期盼着有人能给他们一个速成的秘方。

秘方在哪里呢？其实秘方就在你的心中。就如同任何一位获得成功的人，在他的内心都存在着一个坚定不移的信念：我行！这个信念让他克服横阻在前面的障碍和困难，这个信念让他打败其他的对手。

有这样一个故事。一位记者曾访问一位退休的美式足球教练，问道："创造奇迹式的胜利的秘诀在哪里？"他回答："我们的球队如同其他球队一样都有最杰出的选手，面对这些一流的选手，我还能教他们什么技巧呢？他们对美式足球的技巧与认识，绝不会比我少一分，我懂得的也绝不会比他们多一分，我能做的唯一的事情，就是让我的球队在迎战对手前的一分钟，将战斗意志达到沸腾状态。"

这个创造美式足球奇迹的秘诀，不在知识，也不在技巧，它存在于每一位选手的内心，这股心灵的力量，才是创造奇迹的关键点。

信念不是一种知识，不是一种理论，也不是一时的狂热，它是慢慢形成的。信念是依据过去的经验逐一证实的想法，这个想法被证实的次数愈多，信念就愈坚定。

有太多的推销员，接受正规的推销训练后都充满着要一展身手的欲念，很遗憾的是半数以上的推销员经过一个月，有的甚至尝到一两个星期的实地推销的"闭门羹"后，沮丧就会挂上他们的脸庞，意志也变得相当脆弱，训练时的雄心壮志及对成为一流推销员的憧憬似乎破灭了。

因此，渴望成功的推销员，一定要记住下面这段话："推销和其他任何伟大的工作一样，在你尝到甜美果实，享受所得与荣耀前，路途上有许多挫折与困难需要你克服，能够伴随你克服艰辛疲惫的利器就是你自己在推销工作上所秉持的信念。课堂上虽然有一些成功专业推销员将他们的成功信念写出来提供给你，但在你没有亲自逐步实践、验证前，这些信念终究仅停留在'知'的阶段，你仍然无法拥有支持你成为一流专业推销员的成功秘诀——信念。因此，从现在这一时刻起，你就必须建立你自己的信念，这就是你成为杰出推销人才的秘诀。"

如何培养你推销的心灵力量呢？心灵的力量来自你的信念。要想成为一位专业推销员，你必须建立下面的信念：

1. 确信你的工作对客户有贡献。

化妆品的企业主相信他能带给人们美丽的希望，从而建立全球性的企业。IBM相信他对客户的贡献在于替客户解决问题，因而IBM能成为世界上最大的资讯处理公司。

成为专业推销员的第一个信念就是确信你能提供给客户有意义的贡献，若你心中没有这个信念，你是无法成为一流推销员的。

2. 关心你的客户。

你的第二个信念是要真心诚意地关心你的客户。关心是赢得客户信赖的钥匙，信赖有如冬天里的暖流，烈日中的清风，能扫除人与人间的隔阂。信赖在推销过程中是最珍贵的触媒。有了它，客户不再对你设下防备的栅栏；有了它，客户能坦诚地向你诉说他真正的期望。

3. 积极与热诚。

你的第三个信念是："只要你做一天的推销员，积极与热诚就是你的本能。"本能是一种自然的反应，是不打折扣的，是不需要理由的。一位成功的推销员一旦失去了积极与热诚，就有如艺术家失去了灵感，有如发电机失去了动力，你还能打开客户闭塞的心扉吗？

积极与热诚是会传递的。你不但能将积极、热诚传递给你的客户，而且能将你此刻的积极与热诚传递给下一刻的你。因此，每天早上起来的第一件事——"告诉自己：积极、热诚"。

4. 驱策自己的意志力。

推销员也是凡人，你很难要求一个长时间暴露在被客户拒绝的环境中的推销员一直维持高昂的意志力，但是这种意志力必须支持他完成"最低的目标"。

什么是"最低的目标"呢？这里所谓最低目标是指推销员要能达成3成以上的业绩是由他的客户介绍而来的，那么到底他要花多长的时间才能达到这个目标呢？每一个行业不同，但是任何行业都是一样的，你握有的客户数愈多，你的推销工作就有如倒吃甘蔗。因此，作为一位专业的推销员，你第一个意志力的考验就是不管多么的艰辛，你一定要有坚定的信念达成这里所指的最低目标。

意志力的第二个挑战是你必须驱策自己确实地执行你每日的推销计划，不管你每天计划要做多少新客户（new call）拜访、拜访几位准客户、打几通预约电话，都绝不可替自己找理由拖延每天该执行的计划，因为专业与非专业的差别就在于每天的计划执行得是否彻底。

5. 尊重你的客户。

尊重客户的最基本点是任何时刻对客户一定要诚实，绝不可欺骗、敷衍你的客户。客户的"挑剔"，就是你的改善点，你要虚心诚意地接受，并尽最大的努力改善。

尊重你的客户，你就要增进自己的专业知识，给客户提最好的建议；尊重你的客户，你就要站在客户的利益点为客户考虑；尊重你的客户，你就不能为了自己的利益给客户带来任何困扰；尊重你的客户，你就要让你的客户每花一分钱都能获得相应的价值。

伟大的推销员具有三种特质：信念、爱心、技巧。注意，技巧排在第三，因为信念和爱心是法，技巧是术，法总是大于术的。唯有坚定的信念，才能助你踏平推销路上的坎坷，直至摘取最后的成功果实。

积极的推销心态

对于成功的愿望和企图心永远是一个成功的推销员所必备的条件。一个成功的推销员对于自己所销售的产品具有无比的动力和热诚，他想要成为顶尖的人物，他有强烈的成功欲望，他绝对不会允许任何事情阻碍他达成目标。

在推销界中，因具有积极心态而成功的人数不胜数，克里曼特·斯通就是一例。

克里曼特·斯通，出生于美国一个并不富裕的家庭。他16岁时便开始帮母亲推销保险，获得意想不到的成功——他最终成为美国联合保险公司的总裁。如今，斯通对个人成功历程加以总结，创造了一套"积极的心态"的理论，这套理论使成千上万人从中受益。

按照母亲的指点，16岁的斯通来到一幢办公楼前。但从何开始呢？该怎样推销呢？他不知道，徘徊了一阵后，他有些害怕了，想打退堂鼓，毕竟他还是一个未成年的孩子。回忆这一段经历时，斯通说："我站在那幢大楼外的人行道上，不知道自己该怎样去做，更不知道自己能不能把保单推销出去……我一面发抖，一面默默地对自己说：'当你尝试去做一件对自己只有益处而无任何伤害的事时，就应该勇敢一些，而且应该立即行动。'"

于是斯通毅然走进了大楼。他想，如果被踢出来，就再一次壮着胆进去，决不退缩。在这一间办公室遭到拒绝，他便毫不犹豫地去敲下一间办公室的门，不断地劝说人们买他的保险。

斯通几乎跑遍了整个办公楼内的办公室，终于有两位职员向他买了保险。这是他在推销保险方面迈出的重要的一步，同时，他还学到了该怎样去克服心理障碍并向陌生人推销的方法。

从第一天的推销中，他发现了一个秘诀，就是当自己被一间办公室拒绝的人而出来后应立刻冲进另一间办公室，这样做是不给自己时间犹豫，从而可以克服自己的畏惧感。对此，他说："一位成功的推销员，应该具备一股鞭策自己、鼓励自己的内动力。只有这样，才能在大多数人因胆怯而裹足不前的情况下，或者在许多人根本不敢参加的场合下大胆向前，向推销的高境界推进。正是这种推销员，凭着高度的乐观、自信和上进心，凭着鞭策鼓励自己的内动力，总能克服害怕遭人白眼和被拒绝的'心魔'，勇敢地去向每一个他可能遇到的陌生人推销自己的商品。"

随着推销业绩的不断高涨，斯通对自己做了一个全面的分析。他发现，正是因为自己有了"积极的心态"，才获得了如此巨大的成功。

那么怎么才能培养"积极的心态"呢？斯通说："最好的办法是从工作中寻求满足。"他又说："也许工作并不那么容易，那么你应该多做调整来配合自己的个性和能力，使自己快乐。这种方式可使自己的态度由消极变积极。"

如果一个人始终保持积极的心态，养成"立刻行动"的习惯，那么他就会在处理事务时从潜意识里得到行动的指令，将想法付诸行动，从而迈向成功。

正面的推销思考

正面思考不是所谓的理性思考或者识时务的嘴上说说而已。有口无心地嚷嚷一下"好，从现在起我会想法积极些"，这样根本毫无用处。

正如所有技能无不经学习而掌握，潜意识也要经过无数次的反复示意（如对心理做建设、构思图像等）才能修炼成功。换言之，经过不断的重复作用，自我肯定与说服人的力量才能滋长。因为不断重复地肯定乐观思想，会把潜意识中长期以来的消极想法消除，能让人对你产生信任感，有说服力，能赢得人心。

以下就是一些有关正面思考的建议，希望你能记住并运用它们：

（1）世界上充斥着神经机能衰弱者和胆怯的人！唯有你能往好处想，并借助精神上的能量达到健康与完满！

（2）积极的人不谈恐惧与烦恼，只谈人生目标、梦想与希望。

（3）绝不钻死胡同，因为一定有活路；能往好处想的人，才找得到出路。

（4）积极的人绝不持反对态度，他一定是赞同的。

（5）了解自己"要什么"和"为什么要"，因此每一刻都是有意义的。

（6）能坚持目标的人，才能达到目标。

（7）目标图像构筑得越明确，就越能早日实现。建构目标并不断重复，就会理想成真。

（8）如果化决心为意念，相信"我能行"，潜意识就会自动帮忙。

（9）不相信偶然，要知道自己才是成功的创造动力。

（10）对别人越有益，对你而言成就越大。然而，为自己做得越多，日后才能为别人做得更多！

（11）正面思考能吸引有益的事物。

（12）有悲观想法的人，要有悲情倏然即至的准备。对别人和自己都不该有悲观、否定的念头。

（13）想法积极的人不会问：人生还有什么指望？而该自问：对人生和自己，我该提出什么样的要求？

（14）感觉不会受想法影响，只有行动才能影响它。

（15）掌握思想，能使你有掌握身体与人生的力量。

（16）思想积极的人不会与悲观者同流。他的人生一定会迈向幸福、快乐、成功。

（17）不断对潜意识进行建设是另一种特殊形式的思考，它能创造新事物。

（18）积极思考的人相信自己的希望和构筑的图像能实现。倘若他产生疑虑，潜意识的力量就不会有效力。

（19）相信生命中发生的事无一不该由自己负责。

（20）所有我们四周之物，无一不源自想象。许多最初被嘲笑的念头，日后却证明是绝佳的创意。

（21）每个人每天都该和潜意识做接触，请拨些时间出来，即使在喧嚣熙攘的日间，你也会听见潜意识细微的颤荡。

（22）当今环境污染程度众人皆知，但心灵的污染尤其严重，所以请保护你的潜意识！它是不懂取舍的，所见所闻统统照单全收。因此，你要学会只灌输给它积极正面的东西！

（23）有什么样的思想，就会造就什么样的人生。

（24）不要怨叹无法扭转的厄运，不要为犯下的错找推托之词。要知道，自己才是左右人生的主宰。

（25）思想会影响一切，所谓"诚于中，形于外"，包括你的表现、言语、健康、外貌、行为以及你的成就。

（26）只有自己真正理解的事物才能对你有帮助。因此，你必须不断拓宽知识领域。

（27）整个宇宙的构成，不外乎吸引与排斥两种力量。人生也是积极与消极双向振荡的结果。请选取正面积极的一方，面对别人，你才能展现良性的正面。

（28）时时牢记：你是独一无二的！掌握自己的意识，才不会受外界的干扰和影响！

（29）成功的秘密在于信赖感。信赖能唤起你和客户的内在力量。信赖自己，是你该学的第一课。

（30）人人需要被注意、被肯定和爱。越能将之施予人，你越能获得回报。

（31）你必定拥有某些未被人知的潜在才干，请务必努力发掘开发它。确信自己是"特别的"，有助于你加速开发潜能。

（32）你有能力做意识性思考，这也就是说，只有你才能有目的地把握自己的命运和未来。

（33）疾病源因于未实现的愿望，因此，请对人生常存感激之心。只要心怀感激，周围的人将会帮你打开成功的门。

做到了正面思考，你还是有可能遭遇困难，不过比别人略胜一筹的是：你自己不会是问题所在，也就是说，你能轻易化解所有困难。

亲切的推销仪表

仪表是指人的外表风度，一般包括推销人员在推销活动中表现出的仪容、服饰、举止谈吐和行为风度等。一个人的仪表是人的心理状态的自然流露，它与人的思想修养、道德品质、生活情调、兴趣爱好、情感反应有密切关系。所以，应该把它看作是一种品质素养的表现。推销人员应尽力用自己的仪表给顾客留下美好的第一印象，为推销活动打下良好的基础。

1. 推销人员的仪容。

仪容是指一个人的长相和修饰。一个人长得美与丑是无法选择的，顾客也不会责怪。若在社交场合，不修边幅，蓬头垢面，则会给顾客留下不良印象，将会影响推销活动的进行，甚至导致推销的失败。因此，推销人员的仪容要大方、整洁，修饰要得体。应该定期理发，头发不能太长或太乱。要勤剪指甲，不留污垢。如果有口臭、狐臭，应该设法除臭，如果是男推销员，要注意经常刮胡须；如果是女推销员，则要根据自己的特点及推销对象的特点，适当地化妆。不要戴墨镜或变色镜，让顾客看见推销员的眼睛，他才会相信你的言行。

2. 推销人员的服饰。

服饰是服装与装饰物的统称，包括身上的衣服、头上的帽子、脚上的鞋袜以及男性的领带，女性的项链、手圈等。服饰是一个人的门面，往往会给第一次见面的人留下深刻的印象。当推销人员离去时，顾客或许忘记了他的相貌，但会记住他的衣着打扮。一个人的衣着，常代表着这个人的身份。佛朗哥·贝德格在其所著《我怎样成功地进行推销》一书中写道："初次见面给人印象的90%产生于服装。"推销人员应该懂得善于使自己的服装引起顾客的注目。服饰常因个人的性格、爱好、身份、年龄、性别、环境、风俗习惯的不同而不同。尽管没有统一要求的职业服饰，但无论着什么服饰，都应以稳重大方、整齐清爽、干净利落为基本原则。

经过多年的实践，香港的推销员培训中心总结出对推销员仪容服饰的17点基本要求：

（1）帽子：清洁、戴正。

（2）头发：不要太长，而且要梳理整洁。

（3）耳朵：看看有无耳垢，最好一星期清理两次以上。

（4）脸：胡须要刮干净，最好鼻毛也能修理一下。

（5）领子：这是最引人注意地方，应常保干净硬挺。

（6）领带：花纹与颜色要调配得当，避免刺眼的色调。保持干净，穿戴时绝不可弄松或歪曲。

（7）手帕：经常换洗，最好也能烫平。

（8）衣服：花色不宜太鲜艳，大小要合适。

（9）纽扣：掉了要马上缝好，注意是否扣好。

（10）拉链：是否拉好了。

（11）袖口：保持干净，检查袖边是否磨破。

（12）手：指甲要剪短，并常保持干净。

（13）外套：花色不宜太鲜艳，破了要补好，皱纹要烫平，还要留意穿脱礼节。

（14）裤子：烫直、洗净、口袋内最好不要乱放杂物。

（15）袜子：要干净、无异味，破了的最好不要穿。

（16）鞋子：擦亮、鞋带系好，注意有无磨损。

（17）手提箱：形状、花色要合适。

3. 推销人员的举止谈吐。

推销人员除注意仪容和服饰外，还应养成良好的举止谈吐习惯。高雅不凡的举止谈吐可以产生吸引顾客的魅力，让顾客为之倾倒。举止谈吐虽然没有统一的模式，各人有各人的习惯，各人有各人的标准，但总的要求要做到文明礼貌。对于推销人员来说，应注意一些共同遵守的准则。

（1）就举止来看，推销人员要端庄大方，避免一些不好的习惯出现。如坐要端正，应避免歪斜在座位上或叠起"二郎腿"；站要稳定，应避免背手，脚不停地颤动；听要认真，应避免东张西望，抓耳挠腮或不停地看表等。

（2）就谈吐来看，推销人员通常要做到：保持语言的准确性，不要使用含糊不清的措辞；要注意语言的规范化；要使用礼貌语言，讲究语言美，不讲粗野语言。

（3）在与顾客谈话时，要避免下列容易犯的毛病：不停地眨眼睛；摸鼻子，挖鼻孔；眉梢上扬；折手指发出声响；咬嘴唇，舔嘴唇；吐舌耸肩；嘶嘶作声；慌慌张张，将东西掉到地上。

得体的推销礼节

得体的礼节可以塑造一个人的良好形象，因此，推销人员应懂得人际交往的礼节。应注意的礼节主要有：

1. 打招呼的礼节。

推销人员见到顾客的第一件事就是向顾客打招呼。一个恰到好处的问候，会给顾客留下一个良好的印象。问候时，要注意根据顾客的身份、年龄等特征，使用不同的称呼。另外，在向顾客打招呼时，必须注意和顾客在一起的其他人员，必要时一一问候。因为这些人往往是顾客的亲属、朋友、同学或同事。

2. 握手的礼节。

握手是相互致意的最常见的方式之一。在推销场合，当介绍人把不认识的双方介绍完毕后，若双方均是男子，某一方或双方均坐着，那么就应站起来，趋前握手；若双方是一男一女，则男方一般不应先要求对方握手。握手时，必须正视对方的脸和眼睛，并面带微笑。这里应注意，戴着手套握手是不礼貌的，伸出左手与人握手也不符合礼仪，同时，握手时用力要适度，既不要太轻也不要太重。适宜的握手方式往往能带来良好的效果。可以想象如果一个推销人员像抹盘子一样淡漠无趣地与顾客握手或者只是轻轻地抓一下顾客的手指尖，顾客会做出什么反应。同样，过度用力握手也会使顾客生厌恶和反感。对女性顾客更是如此。

3. 使用名片的礼节。

名片是推销人员必备的推销工具之一。在使用名片时应注意以下几方面的礼节：

（1）一般来说，应先递出名片，最好在向顾客问候或做自我介绍时就把名片递过去。

（2）几个人共同访问顾客时，后辈应先递出名片，或先被介绍者先递名片。

（3）递名片时，应该用双手拿名片，并面带微笑。

（4）接顾客的名片时也应用双手，接过名片后应认真看一遍，然后放入口袋或公事包里，切不可拿在手中玩。

（5）若顾客先递出名片，推销人员应该先表示歉意，收起对方的名片之后再递出自己的名片。

4. 使用电话的礼节。

电话是推销人员常用的推销工具。通过电话可进行市场调研、约见顾客、推销面谈等等。推销人员应讲究电话推销的礼节：

（1）拿起电话之前应做好谈话内容的准备。

（2）若拨错电话应表示歉意。

（3）通话内容力求简短、准确，关键部分要重复。

（4）通话过程应多用礼貌用语。

（5）若找的顾客不在，应请教对方，这位顾客何时回来。

（6）打完电话，应等对方将电话挂断后，再将电话挂上。

5. 吸烟的礼节。

在推销过程中，推销人员尽量不要吸烟。这是因为：

（1）吸烟有害身体健康。

（2）在推销过程中，尤其是在推销面谈中吸烟，容易分散顾客的注意力。例如，在推销人员抽完一支香烟并准备将烟头扔掉时，顾客可能会担心其地毯、桌面或纸张被损坏。

（3）不吸烟的顾客对吸烟者会产生厌恶情绪。

如果知道顾客会吸烟，也应注意吸烟方面的礼节。接近顾客时，可以先递上一支烟。如果顾客先拿出烟来招待自己，推销人员应赶快取出香烟递给顾客说："先抽我的。"如果来不及递烟，应起身双手接烟，并致谢。不会吸烟可婉言谢绝。应注意吸烟的烟灰要抖在烟灰缸里，不可乱扔烟头、乱抖烟灰。当正式面谈开始时，应立即灭掉香烟，倾听顾客讲话。如果顾客不吸烟，推销人员也不要吸烟。

6. 喝茶的礼节。

喝茶是中国人的传统习惯。如果顾客端出茶来招待，推销人员应该起身双手接过茶杯，并说声"谢谢"。喝茶时不可狂饮，不可出声，不可品评。

7. 出席舞会的礼节。

各种形式的舞会是增进友谊的交际场所，推销人员不仅要适时举办一些舞会招待顾客，而且要适当参加顾客所举办的舞会，这样有利于陶冶情操，发展友谊寻找新顾客。但是，在出席舞会时应注意出席舞会的礼仪。

（1）推销人员要讲究文明、礼貌、道德、卫生，要衣着整洁，举止端庄，不可大声喧哗。

（2）音乐奏起，男女可互相邀请，一般是男伴邀请女伴，女伴尽可能不拒绝别人的邀请。

（3）如果女伴邀请男伴，男伴不得谢绝。

（4）音乐结束时，男伴把女伴送到她原来的座位上，并向她点头致谢。

总而言之，要想推销成功，就要推销自己。要想推销自己，必须讲究推销礼仪，进行文明推销。

专业的推销素养

作为一名优秀的推销人员，要妥善处理与各类客户之间的交往关系，就必须尽可能学习与掌握广博的知识。

每个推销员都应当了解自己的经营推销背景和前景，如果你想获得极大的成功，你就必须在自己的推销范围内成为一名专家。

首先应当搞清楚的是各种竞争产品的价格，准确掌握对你不利的价差。如果你没有掌握这种信息，就极容易在谈判中被人唬住。

下面是一个善于应付局面的汽车推销员的故事。

一位客户正想通过他买一辆新汽车，在洽谈时这位客户提出："我能找人以7200美元的价格买到一辆新奥尔兹牌轿车。"这位精明的推销员巧妙地回答："你应当抢在那个人发现自己弄错数字之前尽快把那辆车买下来。我知道在他们自己的价格表上那种车的价钱是7400美元！他既然给你少报了200美元，我倒愿意仔仔细细地替你检查一下那辆车，看看缺什么设备没有。谁都知道这种老花招。"

如果一个推销员不了解竞争产品的情况，不了解竞争厂家的销售政策和价格政策，当买主夸大另一种产品的优点或受到竞争对手的引诱时，这个推销员就会陷入完全被动和无可奈何的境地。如果你能判明买主的话是谎言或出了什么差错，你就能掌握谈判的主动权，感到力量倍增，并敢于固守自己提出的条件，寸步不让。

其次，你应当掌握产品的详细技术性能，如：材料、性能数据、规格、操纵方式等。

一个铝材推销员向一家制造金属围栏的工厂推销自己的材料。这个工厂先前生产的围栏有好几部分用的是钢材，厂主原先总以为铝材缺乏强度，不能使用。这个推销员证明了某些特制的铝材不但重量轻、不生锈，而且具有足够的强度，结果他做成了生意。一个家具推销员，由于客户发现他不知道自己推销家具的质料而丢掉了一大笔买卖。他一个劲儿地介绍那些家具是樱桃木做的，而客户从货签上看到的却是胡桃木。如果你是客户，你会买那些"樱桃木"的家具吗？

最后，要熟知自己的商品的与众不同之处。

在一般情况下，市面上同一类商品往往不止一种品牌，常常是一类商品几十种品牌，甚至上百种、上千种品牌，客户为什么非买你的商品呢？你怎么说服他们买你的而不买别人的商品呢？答案是：你必须让他们知道你的商品有何与众不同之处。

有这样一家螺丝厂，生产技术和设备都属一流，产品的质量也远远超过市场上的其他同类产品。但由于生产成本高，产品售价要高出同类产品三成左右，这就给产品的推销带来了一定的难度。

后来，有个推销员想出一个好办法，他每到用户那里，就客气而又坚决地要求对方将该厂生产的螺丝和用户常用的其他厂家生产的螺丝同放在一盆盐水中，浸泡一会儿，然后再一同取出晾在一旁，并向客户说明下周再来看结果。一周后，经过盐水浸泡的螺丝只有他推销的那种没有生锈，其余的都已锈迹斑斑。这时，他不失时机地将本厂的生产技术和设备的先进之处、产品的优越性以及产品价格为何高于其他同类产品的原因，向客户一一做了详细的介绍。他又给客户算了一笔账：该厂螺丝价格虽然略高于同类，但由于质量过硬、折旧率低，还是合算的。特别是该厂的螺丝质量无可挑剔，使用安全可靠，这一优点是其他同类产品无法比拟的。经过实际试验和推销员的详细说明，几乎所有的用户都心服口服，自愿改用了该厂的螺丝。

推销员的自我管理

推销员作为公司的一线人物，不能没有自己的奋斗目标和行动计划，否则他的推销工作便无从下手，即使是漫无目标地走访几家客户，成功率又会有多少？结果当然可想而知。

推销前辈常常告诫新进推销员说："不要为公司做事，要为你自己做事。"若是为公司做事，必然是被动的、消极的；若是为自己做事，目标便可以自己确定，计划可以自己实行，那么他的行动便是积极的、主动的。

确定目标非常重要，每一个这样做的人，也就是说真正这样做的人，都会这样告诉你。问题在于，真正这样做的人很少。如果你至今仍未这样做，至少应当试一下，不会有什么害处。请按下面这些简单易行的规则去做：

1. 把你的目标写在纸上，这样可以增加明确度，可以经常检查。

只有把目标写下来，它们才有实际意义。如果不写在纸上，它们就只能是一个梦。当你写这些目标时，要尽量简明扼要，要保证用眼睛一扫就能看见，不要一写就是好几页，其实一两行就够了。这些目标必须是你非常渴望要得到的，否则你就不会为之而努力。如果你不想拥有一艘高速船，不想买一所宽敞的住宅，那你就不会达到这些目标。目标应当是你真正想拥有的东西，换句话说：我想拥有。

2. 你写下的目标应当很具体。

如果你只写"我想挣很多钱"或"我想致富",这样不好,因为不够具体。如果你写"我想挣10万元",也不好,因为这样也不具体。你还需要明确你想什么时候得到。例如:"我想在未来的12个月里挣10万元。要达到这一目标,我需要每月挣8333元,即每周1944元。我每笔生意的平均金额是1940元,而我的佣金是10%,所以每次可挣194元。要达到这一目标,我需要一周做成十笔买卖,即每天两笔。"

3. 目标要现实,否则又是一场梦。

前面已经把你的目标定得很具体了,但是否现实呢?如果你说"我想在这周赚100万元",那是不现实的(如果你能做到,令人怀疑你是否还会读本书)。目标是应该能够达到的,否则你就不会为之而努力。目标不要定订得过低,也不要定得过高,要保证只有努力工作才能达到这个目标。

4. 在迈向目标的过程中,你应当监督自己的行动,应当总结你的成绩,这样才能激励自己,取得更好的成绩。

5. 经常检查你的目标,定期更新你的目标。

如果工作进展速度超过目标要求,不要松懈或停下来。相反,你应当更新目标,制定更高的但必须是能达到的目标。另一方面,如果工作进展速度落后于目标要求,你已无法实现目标,也不要放弃,应当对自己说,该目标不可行,你可能过于乐观了(乐观是好事,不要让它变为悲观)这时,就应当检查和调整目标,使它更为现实一些,然后集中精力去完成它。

6. 列出每天、每星期、每月的日程表。

任何事情都可以由别人代劳,唯有两件事情非要自己去做不可。这两件事是:一、自我思考,二、按照事情的先后顺序去执行。

你必须了解,你的日程表上的所有事项并非同样重要,不应对它们一视同仁。这是很重要的一点，也是很多将成为时间策略专家的人会误入歧途的地方。他们会尽职地列出日程表，但当他们开始进行表上的工作时，却未按照事情的轻重缓急来处理，而导致了工作成效不佳。

标出亟须处理事项的方法有：一、限制数量；二、制成两张表格，一张是短期计划表，另一张是长期优先顺序表。你可以在最重要的事项旁边加上星号，A、B、C等英文字母，或数字1、2、3。

在确定了应该做哪几件事之后，你必须按它们的轻重缓急开始行动。大部分人是根据事情的紧迫感，而不是事情的优先程度来安排先后顺序的。这些人的做法是被动的而不是主动的。成功人士不会这样工作。如何按优先程度开展工作呢？以下是两个建议：

7. 每天开始工作前都制定一张先后顺序表。

伯利恒钢铁公司总裁查理斯·舒瓦普曾会见效率专家艾维·李。会见时，李说自己的公司能帮助舒瓦普把他的钢铁公司管理得更好。舒瓦普承认他自己懂得如何管理，但事实上公司不尽如人意。可是李说需要的不是更多的知识，而是更多的行动。他说："应该做什么，我们自己是清楚的。如果你能告诉我们如何更好地执行计划，我听你的，在合理范围之内价钱由你定。"

李说可以在10分钟内给舒瓦普一样东西，这东西能把他公司的业绩提高至少50%。然后他递给舒瓦普一张空白纸，说："在这张纸上写下你明天要做的6件最重要的事。"过了一会他又说："现在用数字标明每件事情对于你和你的公司的重要性次序。"这一过程花了大约5分钟。

李接着说："现在把这张纸放进口袋。明天早上第一件事是把纸条拿出来，做第一项。不要看其他的，只看第一项。着手办第一件事，直至完成为止。然后用同样的方法对待第二项、第三项……直到你下班为止。如果你只做完第一件事，那不要紧。你总是做着最重要的事情。"

李又说："每一天都要这样做。你对这种方法的价值深信不疑之后，叫你公司的人也这样干。这个实验你爱做多久就做多久，然后给我寄支票来，你认为值多少就给我多少。"

整个会见历时不到半个钟头。几个星期之后，舒瓦普给艾维·李寄去一张2.5万美元的支票，还有一封信。信上说从钱的观点看，那也是他一生中最有价值的一课。后来有人说，五年之后，这个当年不为人知的小钢铁厂一跃而成为世界上最大的独立钢铁厂，李提出的方法功不可没。这个方法还为查理斯·舒瓦普赚得1亿美元。

人们有个不按重要性顺序办事的倾向，多数人宁可做令人愉快的或是方便的事。但是没有其他办法比按重要性办事更能有效利用时间了。试用这个方法一个月，你会见到令人惊讶的效果。人们会问，你从哪里得到那么多精力？但你知道，你并没有得到精力，你只是学会了把精力用在最需要的地方。

8. 把事情按先后顺序写下来，定个进度表。

把一天的时间安排好，这对于你的成功是很关键的。这样你可以每时每刻集中精力处理要做的事。但把一周、一个月、一年的时间安排好，也是同样重要的。这样做给你一个整体方向，使你看到自己的宏图，有助于你达到目的。

每个月开始，你都应该坐下来看该月的日历和本月主要任务表。然后把这些任务填入日历中，再定出一个进度表。这样做之后，你会发现你不会错过任何一个最后期限或忘记一项任务。

亨瑞·杰克，出生于美国旧金山城一个移民家庭。亨瑞因家庭条件所限，甚至连中学都没有念完就开始自谋生路。18岁时亨瑞成为一名公交司机，后因伤病离职。29岁时他进入人寿保险推销行业，初期业绩很不理想，后来一帆风顺，成为普通人成功的典型之一。

当亨瑞远离了失业带来的痛苦，满怀信心地投入寿险推销工作时，为了鼓励自己，他常对自己说："亨瑞，你有常人的智慧，你有一双能走路的腿，你每天走出去把保险的好处告诉四到五个人是绝不成问题的，如果你能坚持下去，你一定能够成功。"

由于新生活带来的巨大的积极性，亨瑞决心每天都记日记，把每一天所做的访问详细地记录下来，以保证每天至少访问四个以上客户。通过每天记录，他发现自己每天实际上可以尝试更多的拜访；并且还发现，每天要拜访四位客户，保持不间断，还真不是一件简单的事。

在采取了新的工作方法之后的一个星期中，亨瑞卖出了15 000美元的保单，这个数字比其他10个新推销员卖出的总和还要多。15 000美元的保险在别人眼里也许算不了什么，但却证明了他的决定是正确的，也证明了他有能力做得更好。

为了尽量少地浪费时间，从而拜访更多的客户，亨瑞决定不再花时间去写日记了。但命运似乎又一次捉弄了他，自从他停止记日记之后，他的业绩又开始往下掉。几个月之后，他发现又回到以前那种"叫天天不应、呼地地不灵"的地步。

亨瑞开始反省，不停地反问自己到底是在哪里出了问题。终于他明白了一个道理，业绩回落，这并不是因为他偷懒，而是因为自己漫无规律地走出去拜访的结果。此后他又重新记工作日记了。

通过坚持写工作日记，亨瑞发现他每次出门的价值在不断地提升。在短短的几个月之中，他从每出门29次才能做成一笔生意上升到每出门25次就成交一笔，又以每20次成交一笔，直至每出门10次、甚至3次就有一笔生意成交。

再仔细地研究这些工作日记，亨瑞发现有70%的生意实际上是在跟客户碰面的第二次时就成交了，其中23%是在第一次碰面时做成的，而只有7%是至少拜访了三次以上才做成的。再详细一分析，亨瑞发现，他竟在7%的生意上花掉了他15%的时间。他不禁问自己："我为什么要事倍而功半地做这7%的生意呢？为什么不把所有的时间集中在第一次或第二次就能成交的生意上呢？"这一顿悟使他每天出门拜访的价值开始成倍地增长。

第 2 章

开发新客户：理念、思路、法则

开发新客户有三个阶段——

阶段一：寻找潜在客户。

阶段二：把潜在客户转变为准客户。

阶段三：把准客户转变为新客户。

开发新客户应有的理念

发掘客户追求业绩也要准确地掌握客户群，才能事半功倍，针对推销需求的方向，制定不同的策略，以求最快速而有效地得到成交的客户群，但是在找寻客户之前有几个成功理念必须先建立。

法则一：推销员的素养和客户数成正比。

推销员的数量愈多，推销员的素养愈高，推销的技巧越成熟，就越容易找到更多的准客户，而且准客户的认同度也会在推销员的素质提升中而增加。如果以上这两个因素的增加都是正数，那么销售量自然也就会跟着增加。但若是推销员的人数少，而且素质低，技巧差，相对找到准客户的数量就少，销售量自然大减，这是必然的现象。所以在这个销售的法则中，我们可以将推销员的人数和训练当作是主观的因素，而准客户的多寡则是客观因素，由主客观因素两者相辅相成，才能创造出最佳的销售成绩。

法则二：客户的利益是推销员的利益所在。

现代化企业经营最终的通路都会在客户的身上显示出成效，所以"客户至上，以客为尊"的观念日渐受到重视。例如新银行为提高服务品质，杜绝公家银行傲慢、被动的服务态度，推广开门问候的礼貌行为，客户一进入银行就有专人负责奉茶并且热心协助办理各种手续，仿佛你就是他们的贵宾；又如百货公司电梯小姐服务客户上下电梯，并解说各楼层的特色，也显示了服务客户的重要性；又如量贩店为求业绩增长，设计有到府安装，量大包送的服务。种种措施都显示出在现代化的商业社会中，尊重客户和满足客户的各项需求，是提供最优惠价格之外另一种吸引消费的手段。

法则三：积极而主动的推销手法。

以完善的设备，充分的准备，消极地等待客户上门，在现今的销售理念中早就已经落伍了。现代化的销售讲求积极而主动地出击，化被动式的守株待兔为采取主动式的推销概念，并直接深入客户群，掌握销售的契机，也就是将客户和推销业绩画上等号，相信愈多的客户来源就等于获得更多的业绩。跳离传统的经营模式才能够突破传统的束缚，开拓新的销售空间，增加业绩。

法则四：客户是需要被教育的。

若以专业的立场来看，销售人员经过公司的培训，在对商品的认知上理应胜过客户，但是不可讳言的是，客户可能因为在先前对商品已经建立起不同的见解和概念，所以无法接受销售人员的解说，或者持反对意见。此时销售人员必须抱定正确的销售心态，那就是教育客户，使之回复正确的观念，就算一时没有成交也无妨，因为客户有了正确的想法后，将来终究还是有接受商品的机会。例如国内的保险市场在初形成时，有多少人胼手胝足打下，为国人灌输自助人助的保险概念，建立风险转移的价值观，终于在数十年后的今天，能够拥有市场一片天，这就是最佳的例证。

法则五：从期待客户到准客户，再推升至成交客户是一个连续动作。

必须经过每一阶段逐步的挑选，才能在众多的客户群中找到真正可以成交的客户，像百货公司的销售人员一样，在人来人往的客户群中，必须将期待的客户拉到准客户的定位后，再进一步达到成交值的目的，千万不可半途而废。所以有效掌握客户购买商品的意愿是很重要的，如果可以将这三个步骤一气呵成，完成销售的几率也会大增。

法则六：不放弃任何一个客户。

不管客户的理念对与错，也不论客户接受的程度多与少，只要客户活着都有可能成为销售成功的客户，怕的只是你有没有办法撑到那一天。愈能坚持到底的人，销售的经验和认识的客户逐渐累积，成交的客户当然也会愈多。既是如此，又何必放弃曾经努力过的客户？放弃教育客户的责任呢？再从客户的立场来看，现在客户没有能力购买这个商品，并不代表他永远不具备购买的能力，就像我们常说的"未来是无法预知的事实"，因为未来的变数太多，只要其中一些改变，结果就会不大相同。

从前有一位宰相因遭诬陷，即将斩首，临行刑前，他和皇帝打赌一年之内把皇帝骑的马训练得会飞，如果不然，再将他处死无妨。皇帝因为好奇心的驱使而答应他的请求，想看看宰相怎么训练那匹马。文武百官斥责宰相荒诞，家人则担心达不到任务依旧死罪难逃，这时宰相却说："一年的变化有很多，有可能我们因故病死，或者马会累死，也可能皇帝会逝世，说不定我们得到仙人之助，真的把马训练得能飞起来也不一定呢！"

未来既不可测，为何要自筑围墙，自我设限呢？

开发新客户的一般思路

在大多数情况下，一个推销人员要想找到满意的潜在顾客，首先是从本企业内部获得有关推销对象的信息资料，按这条思路去寻访顾客与用户，既准确又快捷，既省时又省力，往往能收到事半功倍之效。如果从本单位内部不能找到满意的推销对象，推销员的视线自然要转向现有的顾客；其次，通过已有的客户来挖掘潜在的客户。依据这条思路去寻找推销对象，需要推销人员良好的推销技巧与不懈的工作努力，一旦推销成功，所得到的往往是大量的购买主顾。假如通过上述两条线索都不能如愿找到理想的推销对象，那么推销人员就需要进一步打开思路，扩大搜寻区域，通过市场调查和走访来开拓潜在的客户。

1. 在本单位内部寻找推销对象。

以生产企业为例，顾客名册就是推销工作的一条线索。一般企业在派人推销之前，手里已经掌握了一些基本的顾客与用户，这样的客户花名册就可供推销员使用。名册中所列的顾客虽然未必都能顺利达成交易，但推销人员不能忽视这些老主顾。因为这些老主顾与社会各界联系多，交际面广，他们与其他公司或有合作关系，或有推销往来，通过他们的配合协助往往能带来成交的信息与希望。

此外，财务部门和服务部门也是推销人员开拓客户的信息来源。凡是规模较大、实力较强的企业或公司内部分工缜密，有关推销分别由各个不同的职能部门承担，顾客联系也由不同人员分头负责，推销工作则可以从各个职能部门或科室机构寻找潜在客户的线索。其中最有价值的是财务部门所保存的会计账目，仔细查阅本单位与客户之间的账目往来，并对这些账目、款项进行细致核算，就可以发现许多虽已很少往来却极富潜能的顾客。

要开拓这些潜在客户，推销人员对有关资料应当认真加以整理分析，及时存档，列入推销走访的名单之中。企业的服务部门（如修理部、公关部、市场部），对于开拓潜在客户也是十分有益的。推销人员应当设法与服务部门、服务人员建立稳定的联系制度，经常与他们交换意见，从那里获得有关潜在客户的信息资料。尤其是在家电、汽车等需要定期保养或售后服务的行业中，服务部门和服务人员对于挖掘推销对象显得更加重要，因为这些行业的用户在产品损耗到一定程度而需要更新维修时，其购买意向和购买态度常受服务人员的左右，服务人员提供的信息往往是影响他们做出购买决定的重要因素。

2. 在现有顾客中寻找推销对象。

当推销人员把潜在客户的目光从企业内部转向社会公众时，应首先把搜寻的注意力放在那些消费需求已得到满足或与本企业有良好推销往来关系的顾客身上。在以往的推销工作中，企业如能以优质的产品、周到的服务取信于顾客，满足顾客的需求，那么客户就会对企业及其生产的产品产生信赖和亲近感，在这个前提下开展新一轮的推销活动，推销人员就可以请求现有顾客向未来的新顾客推荐介绍，以身示范，现身说法，使老顾客成为企业的宣传员和"业余推销员"。在一定的场合，推销人员不妨利用适当的机会直截了当地请求老顾客推荐潜在的新顾客，请求的语气要委婉，态度要诚恳，也不必强求于人。当然，推销人员事先要做好两手准备，心里有遭人拒绝的打算，因为你要考虑到任何一位老顾客都没有推荐新顾客的义务，所以请求推荐，遭到对方的拒绝是正常的。

推销人员还可以采用其他形式和手法来获得老客户的启示与帮助，如请老顾客写一封推荐信，将厂商、品牌、价格及服务情况，简略地介绍给潜在的新顾客，将推销人员推荐给新的用户，然后由推销人员持介绍信前往走访推销，上门服务。为了解决推荐者（即老顾客）时间不足或行文不便的问题，这种间接推荐的形式也可以简化，如请推荐者在他的名片上聊表数语以示推荐之意，详细情况则由推销人员面谈。这种推荐方式一般适用于专业性的商品或大宗买卖，在多数情况下，推销人员请求那些与企业已达成长年交易合同或与本企业存在经常性推销往来的客户，显得比较合情合理，易于成功。有时一些尚未成交的新客户，也可能是比较理想的推荐人，在推销过程中对方由于买卖未成，心理上有一种下意识的歉意，希望能够给予"补偿"。这时，推销人员只要诚心相待，言行举止得当，委婉而诚恳地提出自己的请求，对方一般是愿意推荐潜在客户的，在他所介绍的顾客中就可能找到满意的贸易合作伙伴。

3. 从市场调查走访中寻找推销对象。

较之上述两种工作思路，从市场调查走访中寻找潜在客户是在更大的区域和更广的视野内实现推销战略的方法。通过有关人员设计调查问卷，选择有代表性的调查对象，进行上门采访、电话采访、通讯采访，使市场调查工作可以更准确、更全面地了解新老客户的需求、数量、分布状况、消费方式、购买能力等方面的信息。无论是企业的管理部门，还是每一位推销人员，掌握多种市场调查方法，在市场调查过程中发现和开拓客户都是十分重要的推销手段。打个比方，如果从企业内部和从已有顾客中寻找推销对象是"用鱼竿钓鱼"，那么从市场调查中寻找推销对象则是"用渔网打鱼"，这种方法面广集中，往往容易取得较好的推销绩效，找到更多的潜在顾客。

记住：新客户就在你身边

1. 客户就在你身边。

推销人员应当养成随时发现潜在顾客的习惯，因为在市场经济社会里，任何一个企业、一家公司、一个单位和一个人，都有可能是某种商品的购买者或某项劳务的享受者。对于每一个推销人员来说，他所推销的商品及其消费散布于千家万户，走向各行各业，这些个人、企业、组织或公司不仅出现在推销人员的市场调查、推销宣传、上门走访等工作时间内，更多的机会则是出现在推销人员的八小时工作时间之外，如上街购物、周末郊游、出门做客等。因此，一名优秀的推销员应当随时随地优化自身的形象，注意自己的言行举止，牢记自身的工作职责。客户无时不在，无处不有，只要自己努力不懈地与各界朋友沟通合作，习惯成自然，那么你的客户必然会愈来愈多。

2. 通过老客户开发新客户。

记住"连锁反应"。所谓"连锁反应"，原是化学活动的一种现象，是指分子裂变的过程，一个分子可以分裂为两个分子，两个分子可以分裂为四个分子，如此无限地分裂下去。"连锁反应"的原则应用到推销工作中，就是要求每个推销人员懂得辩证法，学会用普遍联系和运动发展的眼光看待市场，充分运用与现有客户的良好合作关系，请他们宣传自己的声誉，老顾客现身说法，推荐和介绍新客户上门。犹如化学上的"连锁反应"，一个介绍两个，两户带动四户，从而使顾客源源不断，推销日趋扩展。

3. 记录每日新增的潜在客户。

推销人员应当做到手勤腿快，随身准备一本记事笔记本，只要听到、看到或经人介绍一个可能的潜在客户时，就应当及时记录下来，从单位名称、产品供应、联系地址到已有信誉、信用等级，然后加以整理分析，建立"客户档案库"，做到心中有数，有的放矢。只要推销人员都能使自己成为一名"有心人"，多跑、多问、多想、多记，那么随时能发现客户的。

4. 培养观察力与判断力。

在寻找推销对象的过程中，推销人员必须具备敏锐的观察力与正确的判断力。细致观察是挖掘潜在客户的基础，学会敏锐地观察别人，就要求推销人员多看多听，多用脑袋和眼睛，多请教别人，然后利用有的人喜欢自我表现的特点，正确分析对方的内心活动，吸引对方的注意力，以便激发建议的购买需求与购买动机。一般来看，推销人员寻找的潜在客户可分为甲、乙、丙三个等级，甲级潜在客户是最有希望的购买者；乙级潜在客户是有可能的购买者；丙级潜在客户则是希望不大的购买者。面对错综复杂的市场，推销人员应当培养自己敏锐的洞察力和正确的判断力，及时发现和挖掘潜在的客户加以分级归类，区别情况不同对待，针对不同的潜在客户施以不同的推销策略。

开发新客户的 18 种方法

了解到开发新客户的基本法则，接下来介绍十八种具体的实战方法，说明如下：

1. 攀亲带故法。

借由各种关系的推衍推销员可以很容易切入主要话题，避免浪费时间，这些关系有亲戚、朋友、同事、同学、邻居、同宗、生活所需、嗜好等。运用这些关系可以拉近彼此的距离，只要能够掌握好，准客户就在眼前，倘若没有任何可以运用的关系亦可创造关系，也可假借是经由某人介绍。

2. 直冲拜访法。

直冲拜访，也叫直接访问，就是推销业内俗称的"扫街"，这是大小通吃的手法，虽然辛苦，但是对新人而言，是个磨炼的好办法，也是最有效率的方法。直冲访问的方式有三种：

（1）固定范围。以街道或行政区域为原则，对对象采用密集式的访问。

（2）特定对象。找寻可以接受或有能力购买商品的客户群，能减少在筛选客户时耽误不必要的时间。

（3）特定行业。锁定适合商品推销的行业，因为面对同一行业，所以只需要准备相似的资料提供给客户，而且这样可使得应对技巧更加熟练（因为反复练习的缘故）。

（4）特定社群。可以锁定网络上的特定社群进行逐一地联系和拜访，例如微信群、QQ群、论坛、贴吧等，在这些网络社群活跃的用户，通常都是有着特定的需求、爱好或者兴趣，如果与你的业务有关，那么开发出新客户的概率就会大幅提高。例如你推销的是炒股软件，那你就可以到股吧这样的社群去；例如推销新生儿保险，那你可以到母婴类论坛去"灌水"。

3. 客户介绍客户。

客户一句推崇的话，可以抵过推销员十句美丽的推销话语。所以必须与客户培养良好的关系，提供实质的利益，客户愿意帮你介绍的机会才会增加。

4. 有影响力的人。

在日常生活之中，每一个团体都会有固定的意见领袖，例如社区委员会、社团、工会、商会的主委或理事长，甚至是股市VIP室里都有影响他人的掌控者，这个人就是这一群准客户的头。只要瞄准他、争取他，使之成为你的客户之一，准客户就会源源不绝。

5. 情报突击法。

情报突击法是在推销活动中，有关方面选择适当的人员作为自己的"情报员"，一旦他们发现潜在客户，便马上通知推销机构或推销人员按图索骥，对已发现的潜在顾客进行突击性的全面走访，向他们宣传推销自己的产品或劳务。

例如日本著名的丰田汽车公司在推销活动中，公司销售部就聘请各地的出租车司机、汽车保养厂的师傅、超级商场的经理、高级饭店的领班和一些运动俱乐部的服务员做他们的"情报员"，利用这些人士交际面广，与顾客接触机会多的优势，广泛收集新老顾客对丰田汽车的使用感受与改进意见，并请他们向周围人士介绍丰田汽车，推荐有购车意愿的潜在客户。这一招果然灵验，丰田汽车在海内外市场上的声誉不断提高，知名度和信誉度也愈来愈高。

6. 运用侦察员。

新进人员因为缺乏经验，所以经常担任初次过滤客户的侦察员，同时这也是为了训练新人历练市场中所给予的实战机会。身为侦察员可以探寻市场需求，以进一步确认销售的方向。

7. 合作销售，推销联盟。

推销通常会有相似的作业模式，为了达到资源共享的目的，某些推销俱乐部提供推销资源，让各种行业的推销人员可以相互结合，互助合作，以互蒙其利，而逐渐产生推销联盟。一般的推销员也可以透过平时推销接触的机会，和各行推销人员相互认识，进而交换客户资料，以拓展推销的层面。此外，各种服务业的人员有许多潜在的客户群，所以也是可以合作的对象，可以和异业搭配，在他们的客源中寻找所需的客户，如银行、股票、保险、水费、电费、电话、美发、旅游、中介的服务人员等。

8. 加入社团组织。

许多行业都会组成公会或商会，在社会中也有一些财团法人机构、商业俱乐部、读书会、研究会等，这些单位都有相当多的会员，如果可以加入这些组织也是寻找准客户群的渠道。

9. 媒体包装。

使用媒体做文宣、打形象广告，是企业或商品宣传的手法，也是巩固准客户的方法。企业如果经常在媒体上曝光会让人感觉企业的经营体质比较健全，这是客户对企业或是商品的印象分数。

10. 名册与通讯录。

电话本、工商名录、一千大企业名录、狮子会、扶轮社、青商会、贸易商保险名册、同学录、股票族等，都是准客户的来源，甚至市面上也有卖名单的公司，他们专门搜集各阶层各行业的人员资料，这些资料亦是准客户的来源。

11. 说明会。

举办说明会可以运用团体的力量促进成交几率，例如，许多直销业的说明会就办得相当成功，尤其可以从会后的问卷调查结果得知客户对商品的认同度，再从中挑选出准客户来。

12. 互惠方案。

将利益共享的观念带给客户，透过客户的关系相互介绍，然后提出部分的业绩奖金回馈客户，相信在双赢的立场上会获得客户的认同，而使得准客户愈来愈多。

13. 同一客户重复销售。

针对已经成功交易的老客户，再次重复推销或增加销售数量，在销售的术语中叫"塞货"，只要不过分，客户也不会太介意，如此多出来的业绩量就等于多了一位准客户。

14. 寻找中断客户。

曾经交易过但又中断的客户一定是有一些误会或不愉快的经历，如果可以找出停止交易的原因并能给客户一个满意的答复，就可以再次把客户的心拉回来。

15. 国际网络。

利用国际网络寻找客户也是最新的推销拓展方法之一，目前上网的人群有愈来愈多的迹象，这显示网络即将取代许多传统的接触方法与销售手段，将商品直接展示在网络上，或以网络信件来推销将是未来主流。

16. 电话访问。

先行用电话过滤客户，扫除拒绝者，其最主要的目的在约访。使用电话来探寻客户群可以运用问卷调查、提供免费资讯、说明会、讲座、抽奖、摸彩等等方式来进行。

17. 不放弃任何一个发名片的机会。

广泛运用机会发放名片，可以增加许多接近客户的机会，因为每一张名片都可能是一件商机，例如参加酒会、开幕、聚会或拜访的活动时，不要放过任何一个可能的准客户，纵然对方已经是见过好几次面的朋友，同时也表示已经拥有自己的名片了，仍然可以再发一次（因为他可能只是敷衍你，其实名片早就丢掉了），或者可以俏皮地告诉他"收集十张我的名片，可以换一包口香糖"。

曾经有过一个例子：

一个年轻人在房屋中介公司做推销员，在一次开发的机会中，除了努力地说服客户以达成代售的目的之外，还不断地借由参观房子的机会，到处散发名片，例如：桌垫底下、电视机上、电话旁……甚至连衣柜和木橱都不放过。虽然最后这笔交易因为屋主的犹豫并没有谈成，不过一段时间之后，屋主又急着要买房子，忽然在枕头下发现这位仁兄的名片，于是很自然地再找他来签约，最后终于达成销售的目的。

这个故事正是说明善用名片的好处：不但在生活上可以扩展人际关系，同时在推销上也可以产生不错的推荐效果。

18. 敢向对方要求名片。

如何运用名片才能适度发挥开拓个人的人际关系呢？以下提供几种方法：与人交换名片之后，务必也要拿到对方的名片。如果交换名片时，对方无意递出自己的名片，只是仔细端详你的名片，你应该当场勇于提出要求。万一对方表示没有名片或是忘了带名片，也必须请他留下联络的方法，以便将来有机会以要求赐教为借口进一步接触，增加销售的机会。

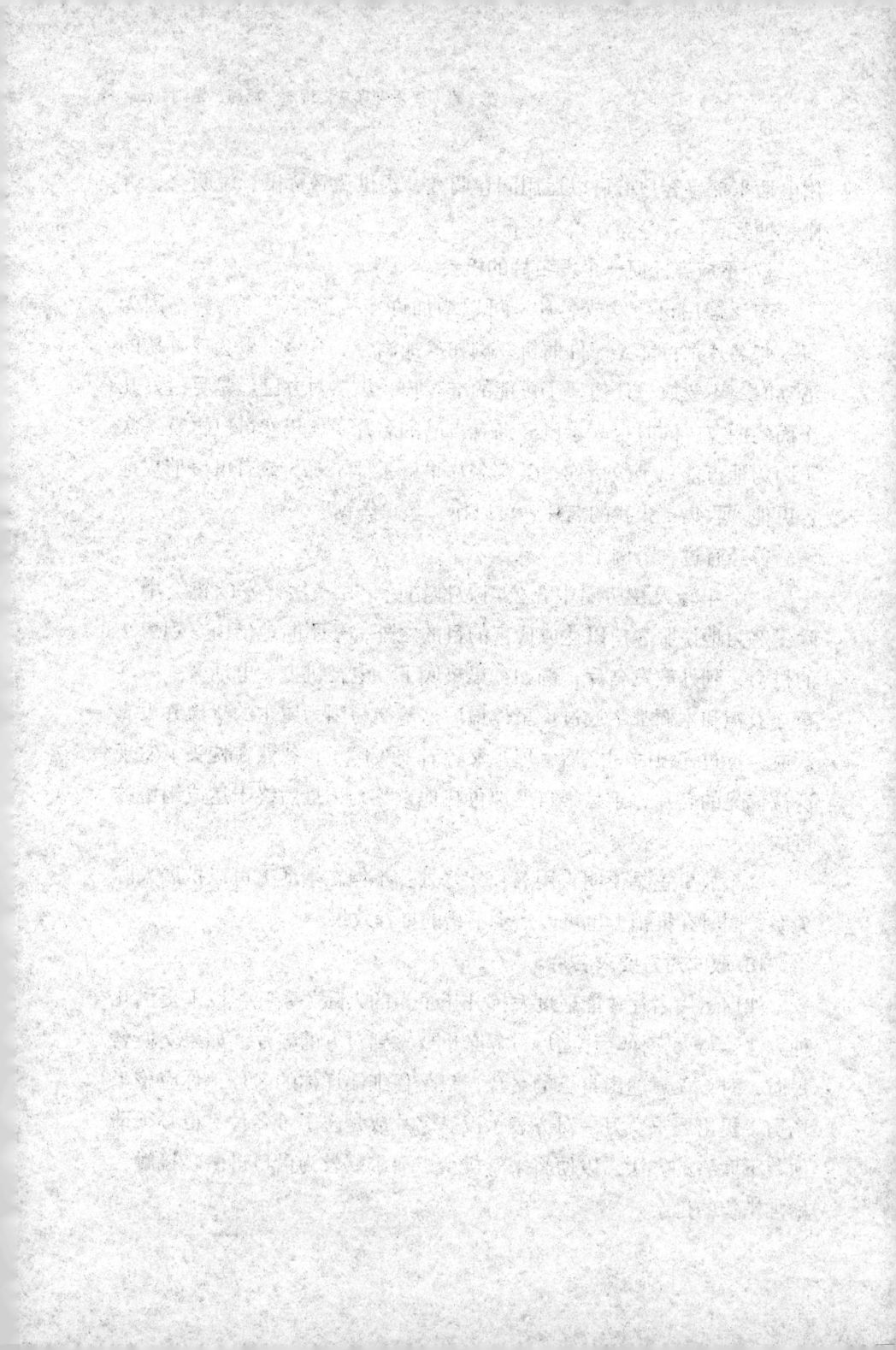

第 3 章

初访三部曲：接近、邀约、拜访

推销界有"访问单价"和"成交率"的概念。

访问单价＝成交额／访问次数成交单价＝成交额／成交件数

成交率＝成交件数／访问次数收款率＝收款额／成交额收款效

率＝收款件数／成交件数开拓率＝新单件数／新访次数

很显然，在推销水平没有很大变化的情况下，访问次数越多，成交的可能性越大，访问单价和成交单价也就越低。

在有限的时间内怎样增加访问次数呢？答案是明摆着的：接近每一个潜在客户。

接近客户的三个目标

接近客户有三个目标：争取他的注意；引起他的兴趣；刺激他产生想进一步了解推销员所提建议的欲望，为顺利地转入洽谈准备条件。

只有当客户集中注意力听推销员说话时，推销员才有可能做成买卖。这个问题要比预料的严重，因为客户经常处于繁杂事务的包围之中。他的脑子里可能还在想着别的令他头疼的问题。只要他的注意力被另外的事情分散着，无论如何也不要急于谈生意。在不少情况下，一个很忙的经理都会这样讲："你尽管讲吧，我可以一边签署这些文件一边听你讲话。"千万不要这样做！一个人在同一时间里只能做一件事。他如果是在做别的事，就不可能听推销员讲话，在推销员接近客户时必须首先争取到客户未分散的注意力。

推销员可以在短时间内争取到客户的注意，但如果他对推销员说的话不感兴趣，他很快就会转移注意力。倘若推销员不能提供充足的理由促使对方继续听下去，对方对推销员所提建议的兴趣就非常容易消失。客户会暗暗自问："你说的这些对我有什么好处？我有无必要将宝贵的时间继续用到你的身上？"

接近客户时要善于创造条件让他感到有理由听下去。告诉他，他将会获得哪些利益，你能为他解决什么问题，为什么说遇到了你会使他走运，以及你能帮他赚多少钱，等等。

接近客户的第三个任务往往是人们意料不到的，那就是把会见轻松顺利地引入生意洽谈。这种转换应当做得非常巧妙，让他基本上意识不到。就像人们坐在一辆高质量的汽车里很难感觉到汽车在换档一样。

从"共同的话题"开始

推销员为了要和客户培养良好的人际关系，最好尽早找出共通的话题，在拜访之前先收集有关的情报，尤其是在第一次拜访时，事前的准备工作一定要充分。

总之，询问是绝对少不了的，推销员在不断的发问当中，很快地就可以发现客户的兴趣。

例如，看到阳台上有很多盆栽，推销员可以说："你对盆栽很感兴趣吧？假日花市正在开兰花展，不知道你去看过了没有？"

看到高尔夫球具、溜冰鞋、钓竿、围棋或象棋，都可以拿来作为话题。

对异性的流行、时尚等异性感兴趣的话题也要多多少少知道一些，总之最好是无所不通。

打过招呼之后，谈谈客户深感兴趣的话题，可以使气氛缓和一些，接着再进入主题，效果往往会比一开始就立刻进入主题来得好。

天气、季节和新闻也都是很好的话题，但是大约一分钟左右就谈完了，所以很难成为共通的话题。

重要的关键是在于客户感兴趣的东西，推销员多多少少都要懂一些。要做到这一点必须靠长年的积累，而且必须努力不懈地来充实自己。

"产品吸引法"接近客户

这是指推销员直接利用推销产品引起客户的注意和兴趣，进而转入面谈的接近方法。让产品先接近客户，让产品做无声的介绍，让产品默默地推销自己，这是产品接近法的最大优点。例如，服装和珠宝饰物推销员可以一言不发地把商品送到客户的手中，客户自然会看看货物，一旦客户产生兴趣，开口讲话，接近的客户目的便达到了。

有位儿童用品推销员介绍他用产品接近法推销一种新型铝制轻便婴儿车的前后经过，非常有趣："我走进一家商场的商品部，发现这是在我所见过的百货商店里最大的一个营业部，经营规模可观，各类童车一应俱全。我在一本工商业名录里找到商场负责人的名字，当我向一位女店员打听负责人的工作地点时，进一步核实了他的尊姓大名。女店员说他在后面的办公室里，于是我来到后面。一跨进那间小小的办公室时，他就问：'喂，有何贵干？'我不动声色地把轻便婴儿车递给他。他又说：'什么价钱？'我就把一份内容详细的价目表放在他的面前。他说：'送六十辆来，全要蓝色的。'我问他：'您不想听听产品介绍？'他回答说：'这件产品和价目表已经告诉我所需要了解的全部情况，这正是我所喜欢的购买方式。请随时再来，和您做生意，实在痛快！'"

这个推销故事形象生动地指出了产品接近法的特点：只须把产品交给客户看，自己却可一言不发。

从推销心理学角度讲，产品接近法符合客户认识和购买商品的心理过程。一般说来，人们在决定购买之前总希望彻底了解商品及其各种特征，包括产品的用途、性能、造型、颜色、味道、手感等等。有些客户还喜欢亲手触摸和检查产品，甚至动手试试，或者干脆拆开，看个究竟。产品接近法正是利用了一般消费者的上述心理。产品接近法给客户提供了一个亲手摆弄产品的机会，充分调动客户五官肢体的积极性，发挥其视觉、嗅觉、听觉、味觉、触觉的功能，直接引起客户的注意和兴趣。只要客户笑口一开，面谈立即开始。现代心理学认为，摆弄或操作是人类的基本动机之一。既然人们喜欢摆弄产品，推销员何不让他们开开眼界，操作操作呢！在利用产品接近法接近客户时，推销员就是要让客户先睹为快，先闻为快，先摸为快，满足其摆弄和探求的心理。一旦客户之心大快，大功也就接近告成。

乔治是芝加哥的一个复印机推销员。一天，他去拜访一家公司的总裁，目的是向该公司的办公室推销一套新复印机。总裁去了外地，乔治便主动请求和总裁的秘书花几分钟时间来讨论一下复印机的情况。在讨论中他诱使秘书说出了她对自己工作中使用的复印机的看法，喜欢它什么和不喜欢它什么。乔治抓住她提到的一个缺点，赶紧邀请她到下面的汽车里去看一看或试一试自己推销的新型复印机。他成功地向秘书从头到尾地展示了一番（这位推销员可真够聪明的）。他离去时还特意为占用了秘书的时间向她表示了歉意。

几个星期之后，乔治赴约再次造访，女秘书萨拉安排他与老板见了面。

乔治开始介绍自己的产品。没等他说到一半，老板便表示，生产复印机的公司应当把眼睛盯住各种复印机相互竞争的复印机商店，到那里去一显身手，因为复印机商店才是他们的真正客户——这是典型的应酬话。乔治听后立刻拿出手中的王牌："先生，您的秘书告诉我，她现在使用的复印机机械装置很完备，但就是操作起来太费劲。我肯定，这对您来说是个巨大损失……我们的复印机操作起来绝对省力得多……"

老板按下蜂鸣器。女秘书进来了。"萨拉。"老板指着乔治带进屋来的样品问，"这复印机确实不错吗？它是不是比你现在用的那一台容易操作？"

"哦，是的，绝对没错！"萨拉回答。乔治站到一边，女秘书按照三周前乔治教给她的方法重新将机器演示了一遍。乔治得到了订货。

大家从中可以看出，乔治很精明，他充分利用了秘书的力量。

推销员B先生的工作需要他去经常拜访最繁忙的经理。此人的举止容貌和对待秘书的态度实在值得效仿，充分体现了对人的尊重。B先生总是不声不响地走进接待室，毫不匆忙。进来时嘴角从不叼着点燃的香烟、雪茄或烟斗。他从来不加重女接待员的负担，在她忙于其他事情时，他只是静静地等着。当女接待员注意到他之后他首先说："您好。"然后主动向她做自我介绍，并说明自己打算拜访某某先生："麻烦您问一下他，看他是不是方便，能否抽几分钟见一见我。"

那些由于急切的来访者连续不断的催促而变得疲惫、焦灼、为难或心烦意乱的女接待员听到此话，心中会顿感温暖，她们会面带微笑地回答："当然可以！"她认为，来者是个绅士，他多少让自己感到了自身的重要性。因此，这些女接待员很少会反问他"你约好了吗"或"您找他干什么"。她们往往会直接走进某某先生的办公室说："B先生在外面。我看您最好是见他一下。"

B先生的方法看起来十分简单，但此法体现着高超的技巧，并能获得满意的效果。使用这种方法尤其需要强调心情平静，充满信心，从容不迫和不强人所难。不管情况怎样变化，决不要露出不耐烦的样子。

希望每一位推销员都能老老实实地反省一下自己在接待室里的表现。桌子后面那小姑娘的漂亮纤细的手上可能正握着你完成下一项使命的通行证！你能不能获得赚钱的机会可能就全靠她了！

不过，采用产品接近法也受到一定的限制。一般说来，在采用产品接近法时，推销员应注意下述问题：

（1）产品本身必须具有一定的吸引力，能够引起客户的注意和兴趣，这样才能达到接近客户的目的。

（2）产品本身必须精美轻巧，便于推销员访问携带，也便于客户操作。笨重的庞然大物、不便携带的产品不宜使用产品接近法。例如重型机床推销员、房地产推销员、推土机推销员就不好利用产品接近法。但是，推销员可以利用产品模型、产品图片等作为媒介接近客户。

（3）推销的必须是有形的实物产品，可以直接作用于客户的感官。看不见摸不着的无形产品或劳务，不能使用产品接近法。理发、洗澡、人寿保险、旅游服务、电脑入场券等等无法利用产品接近法。

（4）产品本身必须质地优良，经得起客户反复接触，不易损坏或变质。另外，推销员应准备一些专用的接近产品，平时注意加以保养，以免在客户操作时出毛病，影响推销效果。

利用客户的好奇心

在实际推销工作中，推销员可以首先唤起客户的好奇心，引起客户的注意和兴趣，然后从中道出推销商品的好处，迅速转入面谈阶段。唤起好奇心的具体办法则可以灵活多样，尽量做到得心应手，运用自如。

一位人寿保险代理商一接近准客户便问："五公斤软木，您打算出多少钱？"客户回答说："我不需要什么软木！"代理商又问："如果您坐在一艘正在下沉的小船上，您愿意花多少钱呢？"由此令人好奇的对话，人寿保险代理商阐明了这样一个思想，即人们必须在实际需要出现之前就投保。

某推销员手拿一只大信封步入客户的办公室，进门就说："关于贵公司上月所失去的250位客户，我这里有一份小小的备忘录。"这自然会引起客户的注意和兴趣。

某大百货商店老板曾多次拒绝接见一位服饰推销员，原因是该店多年来经营另一家公司的服饰品，老板认为没有理由改变这固有的使用关系。后来这位服饰推销员在一次推销访问时，首先递给老板一张便笺，上面写着："你能否给我十分钟就一个经营问题提一点建议？"这张便条引起了老板的好奇心，推销员被请进门来，拿出一种新式领带给老板看，并要求老板为这种产品报一个公道的价格。老板仔细地检查了每一件产品，然后做出了认真的答复。推销员也进行了一番讲解。眼看十分钟时间快到，推销员拎起皮包要走。然而老板要求再看看那些领带，并且按照推销员自己所报价格订购了一大批货，这个价格略低于老板本人所报价格。

可见，好奇接近法有助于推销员顺利通过客户周围的秘书、接待人员及其他有关职员的阻拦，敲开客户的大门。

语言、动作或其他任何引起客户好奇心理的方式，都应该与推销活动有关。如果客户发现推销员的接近把戏与推销活动完全无关，很可能立即转移注意力并失去兴趣，无法进入面谈。

无论利用什么办法去引起客户的好奇心理，都必须真正做到出奇制胜。在现实生活中，每个人的文化知识水平和经历不同，兴趣爱好也有所不同。新奇的事物，在某个人看来并不一定新奇。如果推销员自以为奇，而客户却不以为奇，就会弄巧成拙，增加接近的困难。

利用问题接近客户

推销员直接向客户提出问题，引起客户的注意和兴趣，引导客户去思考，然后顺利转入正式面谈阶段也是一种有效的推销方法。推销员可以首先提出一个问题，然后根据客户的实际反应再提出其他问题，步步进逼，接待对方。也可以开头就提出一连串问题，使对方无法回避。下面介绍问题接近法的一些应用实例。

"到2019年，您将干些什么呢？"这个问题可能引起一场推销员与客户之间关于退休计划的讨论。

"您的生意大得足以有利可图地使用自动化生产设备吗？"这个问题引起一家发展中的制造公司总裁提出新问题："我不知道，我的生意必须达到多大规模？"从而进入正式的推销面谈。

某公司推销员对客户说："只要您回答两个问题，我就知道我的产品能否帮助您装潢您的产品。"这实际上也是一个问题，并且常常诱出这样的回答："您有什么问题？"

美国一位推销女士总是从容不迫，平心静气地提出三个问题："如果我送给您一小套有关个人效率的书籍，您打开书发现内容十分有趣，您会读一读吗？""如果您读了之后非常喜欢这套书，您会买下吗？""如果您没有发现其中的乐趣，您把书重新塞进这个包里给我寄回，行吗？"这位推销女士的开场白简单明了，使客户几乎找不到说"不"的理由。后来这三个问题被该公司的全体推销员所采用，成为标准的接近方法。

美国一位口香糖推销员遭到客户拒绝时就提出一个问题："您听说过威斯汀豪斯公司吗？"零售商和批发商都会说："当然，每个人都知道！"推销员接着又问："他们有一条固定的规则，该公司采购人员必须给每一位来访的推销员一小时以内的谈话时间，您知道吗？他们是怕错过好东西。您是有一套比他们更好的采购制度，还是害怕看东西？"

某自动售货机制造公司指示其推销员出门携带一块两英尺宽三英尺长的厚纸板，见到客户就打开铺在地面或柜台上，纸上写着："如果我能够告诉您怎样使这块地方每年收入250美元，您会感兴趣，是吗？"

当然，接近问题必须精心构思，刻意措辞。事实上，有许多推销员养成一些懒散的坏习惯，遇事不动脑筋，不管接近什么人，开口就是："生意好吗？"有位采购员研究推销员第一次接近客户时所说的行话，做了这样一个记录，在一天里来访的14名所谓的推销员中，就有12位是这样开始谈话的"近来生意还好吧"。这该是多么平淡、乏味。某家具厂推销经理抱怨说五分之四的推销员都是以同一个问题开始推销面谈："生意怎样？"

利用特长接近客户

初次见面，关系着客户对推销员印象的好坏，直接影响着推销的顺利进行。自然得使出浑身解数来赢得客户的好感，若是在谈话时能加上一些小道具的辅助，效果一定会更好。

有一位年年都获得公司奖励出国旅游的推销高手，出门拜访客户一定随身携带着看相用的放大镜，凡是面相、手相、紫微、八卦都曾拜师学过，皆称具备专业的水平。其中尤以看手相最为拿手，而看手相正需要放大镜，所以他一定随身携带。

在访问客户时，他总是将放大镜与商品简介一起拿出来，如果客户专心倾听说明，自然只会注意到商品简介，就不需要使用到放大镜，若是客户购买意愿不高，只是听听说明，视线一定四处移动，当客户视线落在放大镜时，他便顺势拿起那面放大镜，主动提议："哪！这是看手相用的放大镜，我对手相很有研究哟！看个手相吧！不用收钱的！"通常几乎百分之百的客户都会好奇地答应，于是，他便拿起客户的手客串临时的算命先生，帮客户测个手相！

经过肢体上的接触，客户与推销员之间那道心墙很快便消失无影，或许是这面放大镜的功劳吧，他的业绩始终源源不绝。他使用推销辅助道具的诀窍是：自己并不主动提出，只有在客户对放大镜感兴趣的时候，才提出看手相的建议，以挽回客户的注意力。

身为推销员就该兼通十八般武艺，虽然培养一项特长势必先行投资不少本钱，不过，若能在推销时派上用场，绝对不会亏本的。总而言之，推销时心中应常自我反问："我能给客户什么？"

在此再介绍另一个例子，也是跟特长相关的，一位推销法国席梦思床的推销员的歌喉相当不错。有一次到一家美容院促销，由于当时客人很多，老板娘和师傅们都忙着工作，根本没有人理他，他也不介意，径自大声说："我来贵店推销法国进口的席梦思床，各位尽管工作，只要把耳朵借给我就好。"在场的每个人都露出"奇怪的家伙"的表情，正当此时，收音机传出最新排行榜金曲，老板娘不悦地回答："我们要听歌，没有时间听你说话。"他厚着脸皮自我推荐："现场演唱比听收音机过瘾，不如关掉收音机听我唱吧！"老板娘听了，尽管满心疑惑，还是照他的话去做，或许也是想搞清楚他葫芦里卖什么药吧！？

不过，老板娘也郑重地声明："如果唱得好就买你的床。"既然有了这句话，他自然打起精神卖力地唱起来，接着唱了好几首歌。最后还演唱了当时最流行的三首曲子。结果，他在这家美容院连产品都没说明，就卖掉七张床。

或许这种接近技巧过于异想天开，同时也不是每个推销员都能套用的，不过从这个例子我们可以了解到一点，接近技巧并没有绝对一定的范围，重要的是能不能显现出个人的特色，以此为诉求点，取得客户的认同。

与客户邀约的五个步骤

在初访技巧中，必须以约见客户为第一步骤，先有了成功的邀约，才可能顺利地进入面谈阶段，也才能进一步推动销售的整个流程，达到成交的目的。然而要如何才能有效地达到这个目的，让先前已经锁定的准客户接受我们提出的邀约呢？主要有五个步骤：

△以关心对方与了解对方为诉求。发自内心表现出诚恳而礼貌的寒暄及亲切的问候最令人感到温馨。不过必须注意，如果过度地在言辞上褒扬对方，反而会流于虚伪做作，虽然我们常说"礼多人不怪"，但是不诚实的推销辞令对许多人而言并不恰当，不如衷心的关怀比较能够取得对方的信赖。

除了诚心地问候之外，了解客户的诉求也是第一要务，敏锐的推销员必须能够从客户谈论的言词之间了解客户心中的渴望，或是最急迫而殷切想要知道的事物，才能掌握住客户的方向，达到邀约的目的。

△具有吸引力的话题。凡是面对有兴趣的事物就不容易拒绝，例如：有人喜欢逛街买东西，只要有人邀约，纵然还有许多事情没处理完，也会舍命陪君子一同前往。这是因为兴趣会引起他排除万难的决心，所以提供一个可以吸引客户接受而且具有高度兴趣的话题，才容易获得客户的认同而接受邀约。

△提出邀约的理由。合理而切合需求的理由是勾起客户"一定要"接受邀约的必备要素。推销员从客户的言行中可以得知他的需求，从需求中可以找到他的渴望，再由渴望中找到可以说服他的理由，如此一步步地分析与推论，客户拒绝的机会便大大地降低了。

倘若使用合理的方法进行邀约都无法让客户认同，也不妨采取低声下气的哀兵招式，或是以主动登门拜访手段令客户无法推辞。总之，不管任何方法都以能够达到邀约为首要任务。

△善用二择一的销售语言。如果问：你要不要吃饭？你的回答不是不吃就是吃。但如果直接问你要吃中餐还是西餐，吃与不吃的问题就直接跳过去，而且多半会得到一个肯定的答案。

换句话说，这种直接假设对方会接受的答案是一种快速切入的方法，也是避免遭到拒绝的方法。因为我们在回答问题时，总是会受到问题的内容而影响思考，而暂时性地丧失先前的思考逻辑，所以推销员在邀约时，可以舍去太过刻板的问法"有没有时间"，而改为直接问"你是上午或下午有空"或是"下午2点还是4点比较有空，我们见个面吧！"

△敲定后马上挂电话或立即离开。因为人们都有不好意思反悔的心态，尤其是在答应了一段时间以后，想要再提出反对的意见都比较不容易。

例如，东西买了以后才发觉并不好用，大多数的人会勉强留下来用，而不会拿去退货（除非是出现故障）。所以在我们提出邀约时，客户的心理上通常多少会有些犹豫，因此当客户有了正面的回应（答应推销员的邀约）时，就要立即离开现场或马上挂断电话，以免让客户有机会想到拒绝的理由。

如何用电话约见客户

电话约见是现代推销活动中常用的方法，它的好处在于迅速、方便，与书信约见相比可节省大量时间及不必要的往来奔波费用。如果在没有电话或电话不通的情况下，也可以考虑利用电报、电传约见客户。获得电话约见成功的关键是推销员必须懂得打电话的技巧，让对方认为确实有必要会见你。由于客户与推销员之间缺乏相互了解，电话约见也最容易引起客户的猜忌、怀疑，所以推销员必须熟悉电话约见的原则，掌握电话约见的正确方法。

譬如，下面两位推销员电话约见某电视机厂陈厂长有关拜访时间的问话，由于推销员表达方式和用语的差异，其效果也大不相同。

甲推销员问话：陈厂长，那你看我什么时间去拜访你为好呢？

乙推销员问话：陈厂长，我在星期三下午来拜访你，还是星期四上午来呢？

上述第一位推销员完全处于被动地位，用语模棱两可，对方可以随时推辞或加以回避。第二位推销员的问话则相反，他对双方约见的时间主动确定，提出具体方案，仿佛早已料到对方一定会有时间安排会见。若邀约对方一时反应不及，便只好听从推销员的约见方案安排，让陈厂长在他提出的两个时间上，做出"两选一"的择优决定，而无推诿回避的机会。乙推销员在电话中那句"在星期三下午还是星期四上午"的问话，很明显要比甲推销员那句"那你看我什么时间"的说法效果好得多。

常见的电话约见方式有：

1. 心怀感激法。

"李经理，我是东方电器厂的推销员小吴，你上月10日寄来的用户调查表已经收到，十分感谢你们的大力支持。目前我们厂新推出系列家电产品，质量和效果都比以往产品有较大的改进，售价也比同类厂家产品低一些，所以想尽早介绍给你们单位试用。"

从这段通话中可以得知，推销员与客户代表已经认识，并且有了一段时间的交往，所以推销员可以直接在电话中向对方报上自己的单位、姓名，马上进入谈话主题。在上述电话约见方法中，推销员小吴利用自己与客户代表李经理的熟识关系，借感谢对方大力协助之机，推广新投产的产品并要求对方约见，层层推进，极为顺理成章。

推销员以客户利益为基准，使自己的促销宣传符合对方的需求，这种对客户的关心自然会得到客户的感激，从内心乐意接受推销员的约见要求，欢迎推销人员的上门造访。

2. 问题解决法。

请看下面这段电话预约：

"钱秘书，我是广东钟表制造公司的推销员，今天冒昧打扰，想向你介绍我公司最近研制成功的一种考勤打卡钟，它的特点是准确、精巧，尤其是质量可靠，在广东试销时返修率不到万分之一。价格也比进口的同类产品便宜30%，很适合像你们这样的商业单位使用。我打算明天上午10时或下午4时去贵公司拜访你，好吗？"

这位来自广东的推销员说理充分，问话符合"两选一"的约见原则，又给对方考虑的余地。这类电话预约问题明了，要求约见的理由充分，对方接到后一般是会同意与推销员直接面谈的。

3. 信函跟进法。

许多工商企业往往只将有关产品的宣传资料或广告信函邮寄给客户就万事大吉了，而忽视了更为重要的下一步，即"跟进推销"，因此往往如同大海捞针，收效甚微。许多客户在收到推销厂商的函件资料之后，可能会把它冷落一旁，或者干脆扔进废纸堆里。这时，如果推销员及时跟踪客户，打通电话与有关客户联系，就可以起到应有的推销作用。

比如有这样一段电话录音："许科长，你好，上星期我单位寄来的一份华日电冰箱的广告宣传资料收到了吗？看了以后，你对这一产品有什么意见？"

一般来说，对方接到推销员的这通电话，或多或少会有一番自己的建议与看法。这时候，聪明的推销员会马上提出约见要求，以便听取客户对所推销产品的意见，届时他亲自上门向客户讲解推荐，一笔生意会很快谈成。

这一预约方法，推销员是以预先邮寄的产品资料或广告信函为引子，让客户在尚未见到推销员之前，先对产品进行评价。在约见过程中，若客户有意购买，自然会有所表露，推销目标也得以实现。同时，约见之前推销员是以征求意见为理由，言下之意显示了对客户的尊重和对产品的负责态度。如此以礼为先，以诚相待，客户必然会对推销员产生好感，而拒绝约见的可能性便会减至最低限度。

4. 社交应付法。

"孙主任，你好，我是四通公司的推销员小白。昨天你和经理一道来我们公司门市部选购电子计算机，最后你们商量要等过了元旦再购买，现在刚巧有个好机会，从下周开始我公司开展便民服务月活动，不仅每台计算机的价格可以优惠供应，而且实行三包服务，还负责培训操作维修人员，免收费用，我想你们不会错过这个大好机会吧？所以，我建议你们公司还是赶快购买，最好在下周五上午来门市部选购，届时我在那里恭候你的光临，事后我保证派人送货上门。"

推销员小白的一席话，肯定能打动客户的心，早买早用，又享受优惠价格和优良服务，何乐而不为呢？

在大多数情况下，约见是推销方去拜访求购方，推销员主动上门走访消费者。但是，如果推销的商品体积庞大，不易搬运；或者是极易破损的精密器件，非要客户上自家的门，推销员就应当想方设法引对方主动，招客人进门，电话中必须态度和蔼，言语委婉，表述得体，使客户愿意拨冗前来。例中推销员的一番诚恳说明，明确择定双方约见的时间和地点，恭候客户光临，他能为客户的利益想得如此细致周到，确实使对方感到盛情难却，客户遇到如此约请，一般来说都会从百忙之中抽出时间赴约洽商。

约见客户的注意事项

在约定了时间后，在与客户见面时，推销员常常要注意下面的一些事项：

1. 要比约定的时间早到。

访问客户时，有两种不同的约定时间：一种是自己所决定的访问时间，另一种则是客户决定的。自定的访问时间，是根据本身的销售计划或访问计划安排的，大都是确定的。例如考虑去A公司访问，心想上午路上交通拥挤，而且访问的对象也很可能出去办事，还是决定下午去拜访他吧！而当准备去访问B先生时，知道对方通常下午都去处理售后服务，所以最好以上午去访问为佳。对于计划去访问的C太太，探听得知C太太于每星期一、三下午要去学画画，如果不想空跑一趟就必须避开这些时间，重新安排时间表。这类访问的时间是由自己决定的，若对于销售活动没有什么妨碍，是属于自己比较能控制的问题。

最令人感到困扰的，是那种客户来决定的时间。谈生意的活动，一般来说多半是迁就客户的意愿，无法依照卖方的立场来定时间。在很多情况下，虽然你自己事先拟定了一个访问时间表，事实上仍旧必须循着客户决定的时间去办事，说得极端一些，这个访问的时间经过客户决定后，即使心中有所不满，还是要维持"客户优先"的原则。

会面的时间一经约定，最理想的是提早7~10分钟到达。准时去访问当然不会有差错，不过假如客户所戴的手表稍微快了一些，那事情就不好了，因为客户总是以自己的手表为准，尽管你所戴的表才是正确的时间，但是就客户而言，你已经迟到了。而有些脾气古怪的人，认为约会迟到是不可原谅的事。即使没有发生这种客户表快的情形，而在约定的时间才到达，这样也会由于没有休息的时间，就马上进入正题，而显得过于仓促。

为了使访问顺利，必须向客户询问最近路上的交通流量如何，或是从广播中听听有关路程的交通拥挤、交通事故、交通阻塞的状况，以作为参考。

2. 绝不做毫无效益的初次接触。

有一位证券公司的经纪人蔡先生，他手中掌握的老主顾有十几个人，客户中有医生，有中小企业的老板，有经营顾问，也有夜总会的女老板，形形色色的人物皆备，他曾有感而发道："若有好的情报来了，我绝不是无条件地劝任何人做买卖，主要对象是那些和我有默契的人。倘若没有信心的客户，杂七杂八地不断与我闲扯，也许瞬息万变的行情都已经不能等了，而且当我向他费劲解释时，别的客人打电话打不进来。因此最好平时要推敲客户的脾气、嗜好、喜欢的股票，有新的情报或行情转变时，就可以根据推敲上的初步接触，与合适的主顾用电话联络，这时两人必然十分投机。'怎么样，你看现在某某公司是涨停板吧！''好！我卖出一万股！'做生意就要像这样子。反过来，跟不投机的客户推荐时，不久后他可能有下列反应——'当初是你推荐的，所以我才买呀！现在反而跌价了，你怎么说呢？'这时候不是愈描愈黑了吗？"

对初次接触的客人，能判别其购买的可能性，你认为谁是做了有效而成功的工作呢？当然，无论哪一位推销员跟客户初次接洽时，多半觉得是颇有希望的。初次接触虽然相当成功，如果无法判断买卖成交的可能性也是枉然。经常前去访问毫无购买意念的客户，对推销员来讲，总是以为只要凭着自己的毅力去"奋斗"，一定会功德圆满的。这种乐观积极的态度，固然可以颁予"最佳精神奖"，可是对于公司在推销费用的开支上，是非常不经济的。

假如碰到的客人是较其他客人来得好的话，也就另当别论了。也就是说对方究竟买不买你的东西，并不能仅就现状来衡量，也要包括将来的可能性，换言之，也就是依据买卖成交的可能性来斟酌。记住：初次接触要抱着投石问路的精神去从事。

3. 在开始的10秒钟之内掌握客户。

当你开门的那一刻，就要同时打开客户的心门。

临时交易时，对于客户心中的想法还不知道，因而会面的开始非常重要。要引起听者的注意，接着让他产生兴趣，也就是有兴趣听你说话。一个人时时在接受周围的各种刺激，但对这些四面八方的刺激并非一视同仁，可能对某一刺激特别敏锐、明了，因为这成为他一刹那间的意识中心。假如听者的大脑意识中枢集中在说者的谈话上，那么此刻听者对于其他的刺激都不在意了。打个比方，专心看电视的小朋友，任凭妈妈在旁边怎么呼喊，他都听不见。又比如参加考试的学生，当其集中注意力于试卷上的题目，专心思索时，对于窗外的噪音也不以为苦了。

正因为人类都有这种心理的变化，所以必须把客户的注意力集中到自己身上；客户的心理，能够因为说者高明的开场白而完全受掌握，换句话说，说者的第一句话最重要，可以瞬间吸引客户的兴趣。在那么可贵的一刻，在两人目光相接的时候，有许多错综复杂的心理作用就在客户身上发生了。

在这刹那之间，推销员所说的第一句话，是否能让对方一直听到最后一句话，决定于客户对推销员有没有产生好感。我们这里强调的虽说要在开始10秒钟之内把握住客户的心，其实这个时间愈短愈有利，你要抓住客户的心，最长也不可超过10秒钟。

熟记顾客的姓名

在两人见面时，往往会彼此交换名片，在你接到顾客名片时，若正好其中有某字你不会念时，也要本着学无止境的心态，坦率地请教。但你可不能直截了当地问他："啊！怎么样念法？你的名字好难念哦！"一定要有礼貌地说："对不起，我实在才疏学浅，这怎么念才对？"这时候对方一定会很客气地把姓名念出，如此要比你念错或记错人家名字好多了吧！另外，为了容易记忆，可以在谈话之中随时称呼他的名字或称呼其头衔。

"这么说，××先生你从事这一行已经很久了？哦，十几年了，那贵公司实在不能缺少你这支柱啰！"

或者说："经理先生，您的意思如何？"

像这样子，一面看着对方的脸孔，一面称呼他的姓或职衔，除了有助于深刻记忆外，更可以令顾客觉得有一份亲切感。

在认识对方姓名及职称的同时，也必须使对方记得你的姓名及头衔。初次见面的场合，虽然彼此交换了名片，还是会有人心不在焉地把名片放入自己的口袋里去；又有时会当着你的面再度把名片取出来看，说道"哦，你是××先生"。如此就不大容易记住你的名字了。见了第二次面之后的访问，大家也就不再交换名片了，当然在这种情形之下，你多半是已经记住顾客的姓名。一般生意人所接触到的顾客，只有你记得他姓名，但他的脑海中早把你淡忘了。碰到这种情况，当你再次去访问时，不妨说出你的姓名来，但光是道出名字还不够，最好是将你初次造访的情形讲一遍。

"两星期之前，我曾经冒昧前来拜访过您一次，我是××企业有限公司的×××。"

"我曾在一个月前来访问您，我是×××；那天课长先生您曾提起过您的住所就在我家附近。很抱歉，后来因为事情忙，没有前来拜访。"

于此方式的交谈中，也可以促使对方记起自己的姓名来。在谈话中提到自己的事情时，与其用"我、我"，不如直接念出自己的名字。

"部长先生，我叫×××，过去曾经遭到我们董事长的官腔'像××这个人……'因此我痛改前非……"

"前回课长您不是叮咛说'×××，不能迟到哟！否则……'因此，我今天准时来拜访您了。"

在谈话之中，提到对方的名字或自己的名字，其目的是可以让对方记住自己的姓名，同时自己也能记住人家的姓名、头衔。这种方法也可运用在电话的交谈之间，但是在电话中提起自己的名字或职位时，要说得更清楚详细些，才不会被对方听错。

言谈举止关系到拜访的成败

你相不相信，光是门的开与关的动作，就足以让人透视你的教养与处事之道。假定说，有人来招呼你，请你先到会客室时，你应该留心一些小举动。那位招呼你的人，说得夸张些，就是其上司的耳目，不知道待会他会向顾客（受访者）如何报告。

"经理，现在有人来找你，我已请他在会客室稍候。"

"啊！谢谢，是什么样的人啊！"

"看样子很粗鲁，开起门来很大声，坐下时也是扑通一声坐在椅子上，好像是个举止不佳的人。"

如此，在顾客还没有见到拜访者之前，就已经抱着一种不好的印象了。不仅是临时交易如此，就是在经常交易的情况下，虽然彼此之间很熟悉，也不可粗心大意，应该随时修正自己的言谈举止，不要让公司中的职员们对你有不善的评价。倘若被人家说："××先生，我不是常跟你说吗？开门时请你轻轻地开，我们已经说过多少遍了，你知道吗？"那就非常不妙了，尤其是面对关键性的人物，譬如握有购买决定权者或其部属，一定要小心应对。

身为一个生意人，应该于事先充分考虑：应说什么？在顾客面前如何表现？我们知道应征者接受面试时，其进门、坐的姿势、出门举止等，主考人无不看得一清二楚。所以生意人最好也持有这种接受面试的心情，警惕自己适时注意举止行动。

不管是什么形式的门，开门时要打开到能够容自己身体进入的程度即可。另外，在进门之前务必敲三声，得到"请进"的允许后再进去；即使明知对方此刻不在里面，最好也先轻敲一下，才步入房间。

坐椅子时不可把手置于椅把上，背部不必靠在椅背上，也不应跷起二郎腿，更不可将两腿张得太开。在会客室中，应坐姿端正与对方悠闲交谈；若让你坐于顾客办公桌前的椅子时，也必须小心地坐下，再开始讲话。

还有，应留意会客室中的座位。当人家招待你到会客室中时，里面有很多位子，究竟应该坐在哪张椅子上较佳呢？大凡生意人前去访问，就是抱着能出售东西的希望，所以按理说应坐在层级最小的位子上，即使有人招待你上座时，也不可一口答应。普通的房间，离门越近的座位越小；倘若和上司或同事一道去拜访时，也不妨多加留意座位大小的问题。

从初访到再访的技巧

想要更有效率地达到销售的目的，客户再访的技巧就非得好好研究不可。以下有一些不同的再访借口，若能好好加以运用，相信一定可以增加许多再访的机会，提高销售成绩。

1.初访时不留名片，以作为下次拜访的借口。一般的推销员总是在见面时马上递出名片给客户，这是比较正统的销售方式，却难免流于形式。推销员偶尔也可以试试反其道而行的方法，不给名片，反而有令人意想不到的效果。

2.故意忘记向客户索取名片。这也是一种不错的方法。因为客户通常不想把名片递给不认识的推销员，尤其是新进的推销"菜鸟"，所以客户会借名片已经用完了或是还没有印好为理由，而不给名片。此时不要强求，反而可以故意忘记这档事，并将客户这种排斥现象当作客户给你一次再访的理由。

3.亲自送达另外一份资料。这份资料必须是客户未曾见过的；专业的推销员应当有好几份不同的宣传资料，以对不同客户提供不同资料。

4.当一位资讯收集员。如果发现在报纸或杂志里有刊登与商品相关的消息或是官方公布的统计资料足以引起客户兴趣时，就可以立即带给客户看看，或是请教其看法。

5.将资料留给客户参考。但是在做这件事离开前，必须先说明资料的重要性，并约定下次再见面的时候取回。若客户不想留下也无妨，放下就走，客户就算不看也不会把资料丢弃。切记约定下一次见面的时间与此次见面间隔不可太长，否则可能连你也会忘记有这么一件事。

6.借由路过此地，特别登门造访。运用此法，你须说明自己恰巧在附近找朋友或是拜访客户，甚至是刚完成一笔交易，但千万不可说是顺道过来拜访，这点是要特别注意的，以免让客户觉得不被尊重。同时还要注意，不需要刻意解释来访的借口，以免越描越黑，自找麻烦。

7.找一个专业的问题请教他。这样做不是要考倒客户，而是要了解客户的专业知识，所以千万不要找太难的问题，最好能够给出一个让客户有发言空间的"议论题"为佳。

8.陪同新同事或直属长官拜访。第三者的造访会给客户带来压力，尤其是你的上级长官和你一起前往时，更能提高说服力。上级长官协助推销员开拓业务，会使交易达成的几率大大提升。

9.逢年过节送上一份小礼物。使用小礼物虽然不是国人常有的习惯，但是在日本却风行一时，因为这是接触客户的最佳契机。当然，礼物是大是小、贵重还是随意就要自己拿捏了。对非常有希望成交的客户才能送较大的礼，否则可能赔了夫人又折兵，这是需要先判断清楚的。

10.借口提供公司发行刊物的机会。把免费赠与客户公司发行刊物的机会，作为再访的借口也是十分恰当的。例如，某些公司会出一些月刊、周刊、日刊或市场消息，过年时可送月历、日历等资料。

11.拟定新的计划以满足客户所需。销售商品可以搭配成许多不同的组合，有人称之为"套装"商品。不同的组合与搭配会有不同的效用，可以借此向客户请教某些问题，询问他有何观点或建议。

12.以生日作为开场白是一种很温馨的借口。若能适时记住客户或其家人的生日，到时候再去找客户并送上一张生日贺卡或一朵花，也不失为有效打动客户的方法。

13.举行说明会、讲座，并亲自邀约。如果有可以提供最新商品的资讯说明会，吸引客户对商品的认同，或是提供免费的奖品，相信会吸引很多人前来参加。推销员在送给客户邀请卡时，可以稍微解说讲座的内容，并在临别前请其务必光临指导。

14.运用客户问卷调查表。设计几份不同的问卷调查表，再带去请客户填写，问卷的内容主要是了解客户对于推销商品的观念与接受程度。

15.不用找借口，直接拜访。这是一种近乎莽撞式的拜访技巧，与其费尽心思为自己的行动找理由甚至踌躇不前，不如直截了当地登门拜访来得有效率。虽然这种方法比较唐突并且可能会碰壁，但也不失为训练自己成长与锻炼胆量的机会。

第4章

洽谈三部曲：倾听、提问、答复

推销洽谈亦称推销面谈，是指推销人员运用各种方式、方法和手段，向顾客传递推销信息并进行双向沟通、向顾客进行讲解和示范、说服顾客购买的过程。

推销人员在成功地接近准顾客之后，就应该迅速转入推销面谈。在整个推销过程中，推销面谈是一个关键性的阶段，是极其重要的环节。能否说服准顾客，实现交易，在很大程度上取决于推销面谈是否成功。

推销洽谈的 4 个基本任务

推销面谈的目的在于沟通推销信息，诱发顾客的购买动机，激发顾客的购买欲望，说服顾客采取购买行动。

为了实现推销面谈的目的，推销人员需要完成以下任务：

1. 传递推销信息。

顾客只有在接受推销产品的各种信息，对其产生认识的基础上，才有可能做出购买决策。推销人员必须尽快把自己掌握的有关推销产品的信息传递给顾客，帮助顾客迅速了解推销产品的特性和利益。推销人员应根据具体情况，分析所传递信息的要点，利用口头语言、推销样品及其他必备的推销工具与顾客进行沟通交流，确保准确、全面、有效地传递推销信息。

2. 设法保持顾客的注意和兴趣。

顾客的注意和兴趣是产生购买欲望的前提，推销约见和推销接近的目的是引起顾客的注意及兴趣，而在推销面谈时，推销人员应想方设法保持顾客的注意和兴趣，否则，你介绍再详细，也难以激发顾客的购买欲望，难以达到推销目的。

3. 刺激顾客需求，诱发顾客的购买动机。

购买动机决定购买行为，而购买动机又来自于顾客的需求。因此，推销人员应了解顾客的各种需求，帮助顾客解决在需求中存在的问题，有效地刺激顾客的需求，诱发顾客的购买动机，进而产生购买行为。

4. 解答顾客提出的问题。

推销人员在推销面谈时，不仅是向顾客介绍产品，传递信息，同时还要解答顾客提出的问题，只有这样才能保证与顾客进一步的沟通，才能取得顾客的信任，才有可能实现交易。

推销洽谈的 4 个成功原则

说服顾客接受推销产品是推销人员的基本任务。当推销人员面对顾客，开展推销说服时，首先须明白向顾客推销什么。要达到推销的目的，对不同的顾客，不同的推销人员总是采取不同的推销面谈方式、方法及手段。但无论推销人员采取何种方式、方法及手段，在推销面谈过程中，一般都应遵循下列原则：

1. 针对性原则。

针对性是指推销人员针对推销环境、推销对象及推销产品，运用一定的推销面谈方式、策略和技巧，促使推销对象采取购买行动以达到自己的推销目的。

没有需求，则没有购买。顾客有时认识到了自己的需求，有时则需要在推销人员的帮助下才能正确认识到自己的需求。这就要求推销人员能了解顾客的需求，并针对顾客的需求、针对推销产品的使用价值，有的放矢地采取相应的措施，抓住顾客的心理，进行推销。产品的使用价值是顾客购买的主要动机和目的，人们购买产品是为了拥有与享受其使用价值。例如，化妆品的购买者，是为了满足其美丽的需要。对推销化妆品的推销人员来说，他推销的是"美丽"，只有针对顾客的求美心理展开推销，才有说服力。

顾客的个性心理是指顾客带有倾向性的、本质的、比较稳定的心理活动特点的总和。顾客的个性心理各异，同类产品各有长短，推销人员必须针对不同心理个性的顾客，强调产品能给顾客带来的综合利益。综合利益的内容较多，概括起来有：

（1）使用的基本利益，体现在产品的功能和质量上；

（2）使用的经济利益，体现在产品的价格上；

（3）使用美的利益，体现在产品的形象和外观上；

（4）使用的方便利益，体现在产品的服务上。

给顾客带来的综合利益最大的产品，才是顾客所期望的产品。

因生产者和经营者不同，同类产品之间存在着差别，各有特色。顾客在这些特色中进行比较、选择。推销人员在推销时，应强调其产品的差别优势和特色，以吸引、诱导顾客购买。同类产品的差异是多方面的，既有产品的功能、质量、外观、包装、品牌、服务等差别，也有顾客认识和理解上的差别。推销产品的优势差别，不能仅限于产品自身，还应考虑顾客对差异的认识和理解。

2. 诚实性原则。

诚实性是指推销人员在推销面谈过程中切实对顾客负责，真诚地与顾客进行面谈，不玩弄骗术。诚实是推销人员最起码的行为准则，唯有诚实方能取信于顾客，并赢得顾客。只有坚持诚实性原则，才能谈得上文明推销和合法推销。诚实意味着推销人员要做到：

（1）讲真话就是要真实地向顾客传递推销信息，以取得顾客的信任。例如，产品的特点、产品的标准、产品的主要成分及其含量、产品的价格及产品的售后服务等等，都应真实并详细介绍，以利于顾客做出购买决策。

（2）卖真货是树立良好推销信誉的必要条件，推销信誉是推销的法宝。以假充真，以次充好，只会害人害己。推销人员应以诚相待，争取顾客的长期合作与支持。

（3）实证包括推销人员的身份证明和推销产品的证明。真话真货要靠真凭实据来证明。推销人员必须向顾客证实自己的真实身份，证明自己是真实的、合法的推销人员，打消顾客对推销人员的疑虑；推销人员必须拿出与推销产品有关的证明，包括生产证明、鉴定证明、检验证明、价格证明、获奖证明等，以增强推销面谈的说服力和信任感。

3. 鼓动性原则。

鼓动性是指推销人员在推销面谈中用自己的信心、热情和知识去激发顾客的购买情绪，促使顾客采取购买行动。推销面谈的成功与否关键在于推销人员能否有效地说服和鼓动顾客。

顾客的情绪往往受推销人员情绪的影响，推销人员应以极大的热情去感染顾客。推销人员的热情来自于对本职工作的热爱、对顾客和对推销产品的信心。推销人员应坚信自己的推销工作有益于社会、有益于顾客，相信所推销的产品能满足顾客的需要，让发自内心的推销热情来鼓舞和感染顾客，激发顾客的购买热情。

推销面谈是以丰富的推销知识为基础的，离开了推销知识，推销信心、推销热情不过是一句空话。一般来说，推销人员的知识面越宽，推销经验越丰富，说服顾客的能力就越强。推销知识就是推销力量，它能说服和鼓动顾客购买。

在推销面谈中，推销人员既要用逻辑性语言准确地传递理性信息，还要用情感性语言形象地传递非理性信息。非理性的情感因素对顾客的购买决策有着极其重要的影响，而鼓动性语言带有强烈的情感色彩，对顾客具有更大的感染力和鼓动性，也就更易打动顾客的心。

4. 参与性原则。

参与性是指推销人员应设法引导顾客积极参与推销面谈。顾客参与面谈的程度对顾客购买决策有着直接的影响。顾客的积极参与可促进推销的双向沟通，增强面谈的说服力。

推销人员应尽量和顾客打成一片，加深对顾客的了解，去寻找与顾客相同或相似的因素，使顾客产生认同感，消除顾客的戒备心理，创造良好的推销气氛，提高面谈的效率。推销人员应尽量地让顾客亲自操作推销产品。俗话说"百闻不如一见，观看不如实践"，让顾客自己动手操作推销产品，将有助于顾客了解推销产品的功能、特点，熟悉推销产品的使用方法。让顾客自己动手操作推销产品，还有利于加深顾客的印象，诱发顾客的购买动机。

既然要顾客参与推销面谈，那推销人员就应认真听取顾客的意见。这是尊重顾客的要求，有利于取得顾客信任。同时，还可以得知顾客理解和接收推销信息的程度，收到反馈信息，以利于进一步把面谈引向深入。

推销人员既要坚持顾客的参与性，又要注意掌握面谈的主动性，以保证推销面谈不致因顾客的参与而改变方向。在控制推销面谈局势和发展进程的条件下，充分调动顾客的积极性，引导顾客积极参与。

对推销的商品要了如指掌

当过兵的人一定记得，每位战士都必须掌握拆装步枪的各个零部件，直到蒙上你的双眼也能做到这一点为止。军事上，要求你拆装自己的武器确有道理，因为你的生命取决于你的武器是否能正常投入战斗。同样，推销员也应该对自己的商品了如指掌，因为你是靠推销商品生活的。

实践证明，客户在采购时，总爱问这问那，以便对商品有较多的了解。如果客户的提问得不到圆满的回答，客户的信心就会动摇。客户提了10个问题，即使你对其中的9个对答如流，剩下一个支支吾吾的话，也会让客户产生怀疑，因而不愿购买你推销的商品。

随着人们的商品意识、消费意识的逐步加强，人们对商品的了解也就越来越专业。这就要求推销员要有产品专业知识，成为客户咨询的权威人士，以便能让他们增长见识和帮助他们解决难题。

所以，我们对商品知识的了解就像韩信点兵——多多益善，最低限度也要掌握以下内容：

1. 了解商品的构造和技术性能。

作为推销员，应该知道自己所推销的商品的材料构成、化学成分，应该知道商品的结构特点、物理及机械性能等。但了解了商品的构造和技术性能，并不要求你把所知道的这方面的知识全部告诉客户，因为过分烦琐的技术细节介绍反而会使你失去可能的客户。

2. 熟知商品的使用方法。

作为推销员，对客户提出的有关操作的各种问题，都必须能够回答。假设你是一名推销有关照相器材的推销员，你应当能够回答：拍照片时的距离如何确定？气温在零度以下时照相机的功能是否完好如常？为了防止意外的曝光，照相机是否附有防止曝光的装置？是否可以互换镜头？怎样安装胶卷？怎样使用效果最佳等等。推销员只有掌握了使用方法，才能当众演示，从而更为有效地说服客户。

3. 熟知耐用程度和保养措施。

无论是日常生活用品，还是生产资料，都有使用年限。倘若你推销这一类的商品的话，你必须了解它的使用寿命。在一般情况下，客户购买一件价格较高的商品，都不希望它短期内报废。因此，客户对商品的保养和保修问题就格外关心，推销员对此要做到心中有数。

4. 熟知商品的与众不同之处。

在一般情况下，市面上同一类商品不止一种品牌，常常是一类商品几十种品牌，甚至上百种、上千种品牌。那么，客户为什么非要买你的商品呢？你怎么说服他们买你的而不是别人的商品呢？你必须让他们知道你的商品有何与众不同之处。

俗话说："知己知彼，方能百战百胜。"为了获取竞争对手的信息，为了了解自己推销的商品在竞争中所处的位置，建议你去"购买"别人的商品，并接受服务。"你的产品好在哪儿？"你可以这样问竞争品牌的推销员，然后认真听取他的解说。"这家公司的产品与×公司的产品（你推销的那种）有什么不同？"你还可以询问一些别的事情。

了解竞争对手的产品，并不是为了抨击对手及对手的产品。如果在推销时为了抬高自己的商品而贬低竞争者的商品，这样不仅是不道德的，还会损害整个公司的形象，对自己和公司产生不利的影响。丰田汽车公司就规定，推销员在推销时决不允许说其他汽车制造厂产品的坏话。

5. 对生产过程应略知一二。

推销员的职责是推销商品，为了更好地更有效地说服客户，推销员应当对生产过程有所了解。这样，当客户对你推销的商品提出异议时，你就可以用自己对生产过程的了解去说服对方，把生意挽救下来。如果客户害怕有次品，推销员只要把工厂的质量保证系统介绍清楚，就能帮助客户消除疑虑。

6. 对公司或生产厂家要有大致的了解。

商品来自生产厂家，对客户来说，推销员就是生产厂家。既然推销员代表着厂家，他就有责任去熟悉他所服务的厂家各方面的情况，如建厂时间、生产设备的新旧、工人的生产能力、领导班子的结构等等。你必须做到未雨绸缪，以防客户询问。

当你的商品与竞争者的商品非常近似时，厂家的形象常常是影响客户购买决策的关键因素。

7. 热爱并使用自己的产品。

齐藤竹之助说："在推销前，问你自己会买自己的产品吗？如果回答'会'后，你再去推销。"这就是说一个推销员首要必备的条件就是必须十分喜爱自己的产品，坚信他所推销的产品是最优秀的，是能为大众带来无限幸福的，对自己推销的产品抱有绝对的自信和自豪感。

要知道，你爱产品的程度将与你的推销成绩成正比，这是一条不变的定律。因为如果你未曾爱上你的产品，存在你潜意识中的对商品的不信任就会削减你推销时的魅力，如此一来，势必难以打动客户的心。试想一个推销"雪弗莱"汽车的人自己却开着"福特"牌汽车，他的推销能成功吗？

无论推销什么，如果可能，我们都应当买下一份来给自己使用。

总之，对商品你要了如指掌，但在推销时却不必去展示你所了解的所有的产品知识，更不可说那些玄妙的行话、术语或极具专业性的技术词汇，以免客户感到迷惑或茫然。最好是客户说什么话，你就说什么话，千万不能表现出自己如何聪明绝顶而客户多么孤陋寡闻。卖弄自己博学多才而让客户哈欠连天，也许这能让你获得某种优越感，但这种行为简直是在阻止别人买你的产品，最终客户将两手空空地离开。

推销洽谈中的倾听技巧

倾听是了解客户需求的第一步。听客户说出他的意愿是决定采取何种推销手段的先决条件，听客户的抱怨更是解决问题、重拾客户对商品信心的关键，由此可知听比说还来得重要一些。尤其在推销技巧中，这个方法相当重要，因为听听客户想说什么最起码有以下几个优点：

1. 听他说话是代表尊重。

尤其是专心地听、努力地听，甚至是聚精会神地听，客户一定会有被尊重的感觉，因而可以拉近彼此之间的距离。

有一位卖车的推销员，经朋友介绍去拜访曾经买过他们公司车子的商人，一见面，照例递上名片："我是××汽车推销员，我姓……"才说几个字，就被商人以严厉的口吻打断，并开始抱怨当初他买车种种不悦的过程，其中包含了报价不实、内装及配备不对、交车等待过久……讲了一大堆，结果这位"菜鸟"推销员被他吓得一句话也不敢吭声，只是静静地在一旁等待。

终于等到这位商人把之前所有的怨气一股脑儿吐完，稍微喘息了一下，才发觉这个推销员好像以前没见过，于是便有一点不好意思地回过头来向他说："年轻人，你贵姓呀，现在有没有好一点的车种，拿份目录来看看吧！"30分钟过后，这个推销员欢天喜地地吹着口哨离开，因为他手上握着两台车子的订单。

在这个成交的案例中，推销员从头到尾恐怕讲不到10句话，但是他却成功地完成交易。原因就在于客户的一句话："我是看你老实诚意又很尊重我，才向你买车的！"

由此可见销售的重点之一是专心地听客户诉说。

2. 听他说的时候我们才有空思考。

如果推销的说辞只是单方面由推销员来推，客户就会不断地退，推销员越是不断地说很好，客户越觉得烦恼，销售成绩自然不佳。而且推销员强力推荐商品时不断重复的话语，充其量只是在演练先前所学习的说辞而已，并没有时间去思考另一种说法，也无法针对客户的问题加以解答。如果能让客户说出心中想法，推销员可以利用在一旁倾听的时间空档想其他对策，使成交的几率增加。

3. 可以反映出客户的困难点。

面对面推销时最令人泄气的问题，莫过于客户冷淡的反应与不屑的眼光，这对推销员的信心是一种十分严重的打击，许多客户在问答之中只会应付式地说几句客套话，这是因为担心说出他的需求后，会被推销员逮住机会而无法脱逃，所以客户会在与推销员应对时尽可能地采用能拖就拖、能敷衍就敷衍的策略来拖延。要去除这困扰只有想办法让客户说，并且在询问的过程中，令他务必说出心中的想法及核心的问题，才能找到销售的切入点。

成功的推销是一种艺术，一种学会倾听世界上最伟大的声音的艺术。每个人都有听的权利，但你必须去学会认真听的技巧。

在推销过程中，谈话是在传递信息，听别人谈话是在接受信息。作为推销中的一方，即使在听的时候，也是主动的。听人谈话，并非只是简单地用耳朵就行了，也不止于用心去理解，还须积极地做出各种反应。这不仅是出于礼貌，而且是在调节谈话内容和洽谈的气氛。

4. 要有耐心地听。

就一般交谈内容而言，并非总是包含许多信息量的。有时，一些普通的话题，对你来说知道得已经够多了，可对方却谈兴很浓。这时，出于对客户的尊重，应该保持耐心，不能表现出厌烦的神色。

作为推销员，能够耐心倾听对方的谈话，等于告诉对方"你是一个值得我倾听你讲话的人"，这样在无形之中就能提高对方的自尊心，加深彼此的感情，为推销成功创造和谐融洽的环境和气氛。因此，听人谈话应像自己谈话那样，始终保持饱满的精神状态，专心致志地注视着对方。当然，如果你确实觉得对方讲得淡而无味、浪费时间，则可以巧妙地提一些你感兴趣的问题，不露痕迹地转移对方的谈兴。

5. 做到虚心。

推销的一个主要议题是沟通信息、联络感情，而不是智力测验或演讲比赛，所以在听人谈话时，应持有虚心倾听的态度。有些人觉得某个问题自己知道得更多，就断然中途接过话题，不顾对方的想法而自己发挥一通，这同样是不尊重对方的表现。他们急于发言，经常打断对方的讲话，迫不及待地发表自己的意见，而实际上往往还没有把对方的意思听懂、听完。

在一些推销场合，如果你不赞成对方的某些观点，一般应以婉转的语气表示疑问，请对方解释得详细一些。或者说"我对这个问题很有兴趣，我一直不是这样认为的""这个问题值得好好想一想"。即使你想纠正对方的错误，也须在不伤害对方自尊的条件下以商讨的语气说"我记得好像不是这样的……""贵方在以往的推销中似乎是另一种做法……"如此这般，就足以使对方懂得你的意思了。

6. 能够会心。

倾听客户说话，不只是在被动地接受，还应主动地反馈，这就需要做出会心的呼应。在对方说话时，你不时地发出表示听懂或赞同的声音，或有意识地重复某句你认为很重要、很有意思的话。

有时，你一时没有理解对方的话，或者有些疑问，不妨提出一些富有启发性和针对性的问题，对方一般是乐意以更清楚的话语来解释一番的，这样就会把本来比较含糊的思路整理得更明晰了。同时，对方心理上也会觉得你听得很专心，对他的话很重视，会有"酒逢知己千杯少"之感，话题也会谈得更广、更深，更多地坦露他的内心。

在洽谈中，听者应轻松自如、神情专注，随着对手情绪的变化而伴之以喜怒哀乐的表情。通过一些简短的插话和提问，暗示对方你确实对他的谈话感兴趣，或启发对方引出对你有利的话题。当对方讲到要点时，要点头表示赞同。点一点头，这实质上就是发出一种信号，让对方知道你在听他讲话，对方这时当然会认真地讲下去。

7. 对客户的谈话内容做出反应。

做出适当的倾听反应，可以表示听者正在倾听对方的谈话，听者也可以通过倾听反应了解对方的意图，并可以把谈话引到自己所想的话题上去。倾听反应应该选择适当的时机，恰当地表现出来。对方说话暂停的时候，是表示倾听反应的最佳时机。倾听反应要心平气和，不要因为对方的抱怨而大发雷霆；倾听反应还要简明扼要，简短而准确地表示出听者的意思；倾听反应不能和说话者的思路冲突，要沿着说话者的思路走下去。如果听者和说话者的谈话主题不统一，那么说话者就会认为听者没有在听他的谈话。

怎样做出倾听反应呢？倾听反应一般来说有如下五种方法：

（1）轻轻地点头做出反应。推销人员用这种方法表示自己正在听顾客的谈话，有时轻轻点几下头表示对顾客所传达的信息的赞同或默许。

（2）推销人员的目光要注视正在说话的顾客，不要做其他任何动作，也不要说话。这表明正专心致志地倾听顾客的谈话，并且对顾客的谈话表示出浓厚的兴趣。

（3）推销人员偶尔发出声音，用尽量少的言词表示出自己的意思。比如"我了解""哼哈""是那样""很有趣"。使用这种语词，一般表示推销人员对于顾客的话有所了解，或者表示同意顾客的看法。发出声音也能表示推销人员正在倾听顾客的谈话。

（4）推销人员重复顾客刚才所说的一句话的最后几个字，表示对顾客意思的肯定。

（5）在顾客询问问题，或者在顾客说话有错误的时候，推销人员应该做出真实反应，即把自己了解的真实情况告诉顾客。推销人员一定要诚恳，即使是由于你的公司或你的产品的问题，也不应该隐瞒，应该对顾客做出合理的解释。这样做，有利于消除顾客的怒气，使双方达到沟通。

推销洽谈中的提问技巧

一位教士问他的上司："我在祈祷的时候可以抽烟吗？"这个请求遭到了上司的断然拒绝。另一位教士也去问这个上司："我在抽烟的时候可以祈祷吗？"抽烟的请求得到了允许。

这个事例说明了提问表述方式的重要性。为了了解顾客，推销人员必须或多或少地向顾客提出问题。在推销面谈中，提问是一种非常有用的面谈方式，其主要功能是：

（1）引起顾客的注意；

（2）获得自己所需要的有关信息；

（3）引起顾客思考，赢得时间；

（4）向顾客传达自己的感受，或传达顾客不知道的信息；

（5）使双方所谈话题趋向预期目的的结论。

我们希望推销人员不做强势推销，而是以一种自然而然的方式，激起顾客的购买欲望。推销人员在推销面谈中常用的提问方式有：

1. 直接式提问。

这是对顾客的意见或回答进行直接提问或者引申、试探提问，便于了解更详细的情况。例如"您最喜欢购买什么牌子的钢笔""您觉得这种电器不耐用，是哪些地方使您产生了这样的印象呢"，这种提问既能发掘较充分的信息，又可以显示推销人员对顾客意见的重视。

2. 选择式提问。

这是推销人员将自己的意见抛给顾客，让顾客在一定范围内加以选择的提问。例如"这两种颜色您更喜欢哪种"，这种提问具有一定的诱惑性，可以诱惑顾客在推销人员所限定的范围内加以选择。

3. 澄清式提问。

这是针对顾客的答复，重复措辞以使顾客澄清或补充原来答复或者让顾客做出评价的一种提问。例如"您刚才说付款的方式可以商量，这是不是说你们可以如期支付这笔货款""《电子信息》上一篇文章提到微电子开关需求量有所上升，您认为事实上是这样吗"，这种提问在关键时刻关键问题上常用，它有助于推销人员从顾客那里进一步得到确认的反馈。

4. 暗示式提问。

暗示式提问特别适于应付竞争情况的提问。推销人员如果直接对竞争对手的产品进行攻击，往往会失去顾客。而若能以暗示式提问来应付竞争，可能会收到比较好的效果。暗示式提问就是把露骨的攻击加以隐蔽，借以提问的方式做出结论。

例如，某顾客已经购买了某品牌的手纸，若推销人员直接指出顾客判断错误，才会购买这种手纸，必然使顾客对你筑起鸿沟，不愿采纳你的意见。你若如此提问，效果就可能不一样。

"××先生，您是否想节省每天所浪费的经费？"

通常，顾客同意节省不必要的开销。

"您是否在洗手间看到您的客人拿着两三张手纸甚至五张手纸在擦手？"

"是的，看过。"

这位推销人员本来就知道该饭店发生了这种现象，但为了让顾客亲口说出来，而采用了暗示式提问。

这时推销人员拿出了自己所推销的纸巾产品，进而提问下去："您看得出我的纸巾与其他品牌有何不同吗？"

"看不出，两者一样。"

"用我的纸巾擦手，一次只需要一张就够了。我给您演示一下？"

"好！"

从以上的对话中可知，推销人员并没有直接攻击竞争对手的产品质量，而凭借提问来开拓自己的市场。

5. 提问的注意事项。

要使提问取得良好的效果，推销人员应注意：

（1）提问的时机要适宜。提问时，应注意顾客的情绪，在顾客适宜答复时提问；

（2）提问的速度要适当。注意用正常速度提问。太快似乎有审讯感，太慢令人感到沉闷；

（3）提问的内容要有针对性，避免因禁忌问题而冒犯顾客；提问的先后次序要有逻辑性。

推销面谈中的答复技巧

推销人员不仅要向顾客提出问题，还要答复顾客所提出的各种问题。答复问题与提出问题一样的重要。推销人员即使提出的问题无懈可击，但答复问题失策，同样会错失推销良机。在答复顾客提出的问题时应注意：

（1）答复顾客提问时，应在搞清楚问题的真正含义后才能给予回答，切忌随便答复。答复要有条有理，通俗易懂，简明扼要。切不可东一句西一句，不着边际，因为顾客的许多提问，旨在探求推销人员的真实情况。

（2）答复要有分寸，正确的答复未必是最好的答复。答复的技巧在于掌握什么应该说，什么不应该说，而不完全在于答复的对与错。答复要既不言过其实，也不弄虚作假。答复应得体、巧妙，赢得顾客的好感和信任。

（3）在答复之前应使自己有充分的思考时间。为了争取更多的思考时间，推销人员可以采用一些方法拖延答复。例如，请求顾客澄清自己所提出的问题或用"记不清""资料不全"等借口拖延答复。

（4）有些答复要有弹性，不要把话说得绝对化。对于企业需保密的信息资料，应绕过不做正面回答或者委婉地说明并表示歉意。

介绍商品的 3 种方法

顾客由购买兴趣发展为采取购买行动，从一定意义上讲，就是顾客对推销产品的了解和认识过程。而顾客的这种了解和认识离不开推销人员对推销产品的介绍叙述。为了让顾客更好地了解和认识推销产品。

常用的推销介绍有三种类型：规范式介绍、概要式介绍和详细说明式介绍。

1. 规范式介绍。

规范式介绍是对成功的推销人员的推销介绍的规范式的总结。规范式介绍通常包括以下几项内容：产品的主要特性，开场白和结束语。许多公司在做上门推销时往往采用规范式介绍方式。尤其是对推销新手，规范式介绍有助于消除他们的紧张情绪，增强他们说服顾客的信心。许多有经验的推销人员熟记某一规范式介绍，在实际应用中融会贯通，从而逐步形成具有适合于自己特长的独特的推销方式。

规范式介绍的优点有：

（1）保证了推销人员完整而精确地介绍所推销的产品；

（2）它总结了许多成功的推销人员所使用的最好的方法技巧；

（3）有助于培养推销新人；

（4）比较省时；

（5）通常主动回答了顾客可能提出的疑问。

规范式介绍也有其不足之处：

（1）如果应用不当，易显得呆板，缺少灵活性，不易发挥推销员自身的创造力；

（2）它阻止了潜在顾客参与交流的机会，使得推销介绍成了独角戏；

（3）许多推销人员发现，规范式介绍一旦被顾客的提问打断，再从头开始比较困难；

（4）当所推销的产品品种很多时，规范式推销就很不实用；

（5）它不适合需要用电话方式与顾客进行联络的产品推销。

2. 要点式介绍。

要点式介绍不同于规范化介绍，它较为灵活，不需要死记硬背。推销人员通常只须熟记推销介绍的部分内容如开场白，中间转折及结束语。通过熟练地运用这些熟记的内容，有助于提高推销人员的推销效率。

要点式介绍与规范式介绍相比有以下优点：

（1）比较灵活；

（2）推销人员的支配地位相对减弱，而顾客的需求、偏好、观点和意见可以得到更多的考虑；

（3）推销人员的思路被打断后更容易恢复。

它的缺点有：

（1）有的推销人员在临场发挥时不能充分表述产品的特点，有时还易偏离思路；

（2）由于不要求推销人员死记硬背，所以有的推销人员事先不能做好充分准备。

但是大多推销人员能克服以上缺点，随着他们经验的丰富和自信心的提高，更乐于采用要点式介绍而不是规范式介绍。

3. 详细说明式介绍。

详细说明式介绍要求推销人员详细拟定一份销售建议书。销售建议书通常由完整的数字或图表组成。这些文字、图表和数字是在对潜在顾客的需求做了详细调查的基础上产生的。这种推销介绍方式被广泛应用于工业设备及办公室设施的推销上。

制定一套完整的销售建议书要经过4个步骤：获得调查许可；实际调查，包括搜集、分析资料；拟定销售建议书；向潜在顾客提交销售建议书。

（1）获得调查许可。为了制定出有效的销售建议书，推销人员必须首先了解潜在顾客的需求，要对他们所面临的实际问题做调查研究，然后有针对性地提出解决方案。推销人员可以用实例来说服潜在顾客，他们的产品确实能帮助顾客解决目前的困难。例如一个通讯设备，推销人员可以用实例来说明他们是如何帮助某一公司安装了新式通讯设备，从而帮助他们节省了大量资金的。

（2）调查实施。许多情形下，推销人员请专门人员如工程师或系统分析专家来做调查和分析工作，以提高调查的可信度，便于潜在顾客进行积极的配合。

调查形式可以是面谈或问卷调查。有些调查程序非常复杂，需要许多专门人员的参与，甚至花费数万元。

（3）拟定销售建议书。在调查研究的基础上，就可以拟定一份能满足顾客需求的销售建议书。建议书应包括对顾客需求或存在问题的陈述，解决方案以及方案所需费用。

（4）提交建议书。可以采取一些较灵活的方式提交建议书。如借助幻灯片，当场演示等。由于推销的成败在此一举，所以通常要求推销人员在与顾客正式会晤前作大量的准备工作。

详细说明式介绍的优点有：

（1）推销人员可以较真实、全面地了解顾客的需求；

（2）允许推销人员有足够的时间去找出解决方案；

（3）可以树立推销人员的信誉。

它的缺点是：

（1）费用较高，风险较大；

（2）顾客可能反对让推销人员做实际调查，他们担心推销人员心存偏见；

（3）一些推销人员以做调查为借口只是为了获得与顾客见面的机会，使得许多顾客对这种调查存有戒心。

洽谈中的产品演示法

产品演示法是指推销人员通过直接演示推销产品来劝说顾客购买推销产品的方法。产品演示法是一种十分有效的推销面谈方法。因为：

（1）推销品本身就是一个无声的推销员，是一个最准确、最可靠的购买信息源；

（2）推销品本身也是一种有效的刺激物，它能生动形象地直接刺激顾客的感觉器官，可制造一种真实可信的推销情景；

（3）从推销心理学上讲，顾客总是愿意购买自己所熟悉的推销品，或者自己使用过、听说过，或者看见别人使用过的推销产品。

在使用产品演示法时，推销人员应注意下述有关问题：

1. 应抓住演示的关键点。

演示的关键点是指那些能够体现推销产品与众不同的特点为演示的内容。由于种种原因的影响，推销人员不可能面面俱到地向顾客演示推销产品的全部内容。因此，推销人员必须选择能显示推销产品重要或特殊性能的关键点。例如，有位推销人员为了向顾客显示自己的玻璃杯比一般的玻璃杯更坚固的特点，故意把玻璃杯扔在坚硬的地面上，结果玻璃杯完好无损。在此特别强调的是，演示的关键点与顾客的需要是密不可分的，离开了顾客的需要而寻找演示的关键点是不可能奏效的，因为它不会引起顾客对推销产品的兴趣。

2. 边演示边讲解，尽可能增添趣味性。

只讲不演或者只演不讲，均不利于推销信息的传递。推销人员在进行产品演示时，应注意演示与讲解的有机配合，讲究演示艺术和讲解艺术的结合，尽可能为演示和讲解增添趣味性，使自己的演示及讲解更具吸引力。例如，演示油污清洗剂的传统办法是将一块专用脏布洗净，而若推销人员一改传统办法，往自己的白衬衣上抹油污，然后用油污清洗剂当场洗净，边演示边讲解，其效果就会明显增强。

3. 让顾客参加演示。

如果有可能的话，推销人员应尽可能地让顾客亲自做演示。顾客若能亲身感触到你的推销产品，演示就会给顾客留下极其深刻的印象。若有些推销产品不能让顾客亲自操作，也尽量让顾客参与推销人员的演示活动，例如，请顾客当助手等。总之，推销人员请顾客参与产品演示活动，能把顾客的购买注意力和购买兴趣稳定在推销面谈上，使顾客产生推销认同感，提高顾客的购买信心。

洽谈中的文字演示法

文字演示法是指推销人员通过直接演示那些赞美与介绍推销产品的有关文字资料来劝说顾客购买推销产品的方法。在不能或不便直接演示推销产品的情况下，推销人员可演示各种文字资料，以准确地传递推销信息，真实可靠地向顾客介绍推销产品。为了更好地运用文字演示法，推销人员应注意：

1. 搜集有关文字资料。

推销人员要使用文字演示法，则平时就应广泛地搜集能说明推销产品性能与特点的有关文字资料。搜集的文字资料要准确可靠，不要使用错误或虚假的文字资料。搜集的文字资料应尽量具有系统性和完整性。搜集的文字资料应具有一定的权威性，不要使用毫无说服力的文字资料。

2. 做好文字资料的整理工作。

在有关文字资料收集起来之后，推销人员应进行必要的整理工作，例如，分类编号、剪贴、装订等。整理后的文字资料，要有利于演示推销产品的特点及优势，要有利于推销人员针对顾客的需求，诱发顾客的购买动机，要有利于推销人员使用及顾客阅读，如对重点文字进行标记、放大和特写处理等。

3. 结合有关图片，做到图文并茂。

在使用文字演示法时，推销人员应尽量把文字演示与图片演示结合起来，既有实物的文字说明又有实物的图片，以便于顾客接受有关推销信息。

洽谈中的证明演示法

证明演示法是指推销人员通过演示有关证明资料来劝说顾客购买推销产品的方法。推销面谈成功的关键在于取信于顾客。为了有效地说服顾客，推销人员必须拿出具有说服力的有关推销证明来。在推销面谈中，无论是运用揭示法还是运用演示法都少不了演示各种推销证明，或者说证明演示法几乎是所有推销面谈都要使用的面谈方法。在运用证明演示法时，推销人员必须注意：

1. 准备好有针对性的证明资料。

对于顾客的疑点或推销重点，则必须演示有关的推销证据。推销人员即要注意搜集整理有关证明资料，还要注意在每次推销面谈前有针对性地准备有关证明资料，以增强推销面谈的说服力。

2. 演示的推销证明资料必须是真实可靠的。

为了赢得顾客的信任，促使顾客采取购买行动，推销人员必须向顾客演示真实可靠的推销证明资料。无论在什么情况下，都不得向顾客演示虚假的或无效的推销证明资料。

3. 演示推销证明资料要自然。

推销人员应讲究演示艺术，使演示做得自然得体，让顾客在不知不觉中了解推销证据，并令顾客口服心服。如果推销人员过分炫耀推销证据，就会引起顾客的反感。即使推销人员掌握了很具说服力的推销证明资料，也应注意演示的时机和方法。

第 **5** 章

成交三部曲：拒绝、说服、签约

客户的拒绝并没有什么好怕的，客户的每一个拒绝都是让你攀向成功的阶梯。每当你解除了客户的一个拒绝，你就向成功的目标跨进了一步。

成交从拒绝开始

客户对购买产品产生拒绝，是在购买行为中必然会发生的事情。当客户提出拒绝的时候，要把客户的每一个拒绝转换成客户的一个问题，再想想如何解决这个问题。

例如当客户对你说："你的产品太贵了。"听到这一句话，要将其转换成客户是在问"推销员先生，请你告诉我为什么你的产品值这么多钱"，或是"请你说服我，为什么我花这些钱来购买你的产品是值得的"。当客户说"我要回家考虑考虑"或"我要跟别人商量一下"时，应该将其转换成客户是在问"推销员先生，请你给我更多、更充足的理由，让我能够非常确定为什么应该买你的产品，而不需要让我回去和别人商量"。

推销员要有一个正确的心态，客户的拒绝并没有什么好怕的，客户的每一个拒绝都是让你攀向成功的阶梯。每当你解除了客户的一个拒绝，你就向成功的目标跨进了一步。

根据统计，在任何一个行业中，客户最容易产生的对购买的拒绝，通常不会超过七个，我们称之为七个拒绝原理。不论你从事是什么行业，首先每一个推销员所需要知道的是在你的行业中，客户最容易产生的拒绝会是哪七个。

当然在某些行业中，客户的拒绝是少于七个的。举例来说，对购买钻石这种购买行为，客户可能唯一不买钻石的原因是太贵了。客户可能并不是不喜欢钻石，他们并不是认为钻石的价值不够。他们不买的原因只有一个，就是他们认为负担不起，他们认为太贵了。

所以你应该花一些时间，找出在你的行业和产品中，那七个主要的客户拒绝到底是什么。同时最重要的是当你找出这最常见的七个拒绝后，必须坐下来好好地研究研究每当客户提出这七个拒绝时，等于客户是在询问你什么问题，同时你应该如何回答他们，或是你有哪些有效的方式和答案来轻易地解除客户对这些事情的疑虑和拒绝。

以下向大家介绍几种最常见的拒绝种类：

1. 沉默型拒绝。

沉默型拒绝指的是客户在产品介绍的整个过程中，一直维持着一种非常沉默，甚至有些冷漠的态度。

对于沉默型的拒绝，我们要想办法让客户多说话，我们要多问客户问题，多问一些开放式的问题，来引导他多谈谈他自己的想法。当一个人在说话的时候，他就会将注意力集中在你的产品上了。所以你要鼓励客户多说话，多问他们对产品的看法和意见，以及他们的需求。

找出他们感兴趣的点，创造和增加他们对产品的兴趣。

2. 借口型拒绝。

时常有某些客户所提出的拒绝，你一听之下就知道那是借口。

举例来说，客户会告诉你"最近我没有时间"；或者"好吧，我再考虑考虑"；或者"我们的预算不够"……有经验的推销员，一听就知道这是一些借口。最常见的借口型拒绝就是"太贵了"，"太贵"这两个字，永远是一个借口。

有些时候客户也会单刀直入地说："我们已经有个供应商，为什么还要向你们买呢……"当客户提出这一类的借口时，你的做法应该是，先忽略他的这些问题和拒绝。你可以告诉客户："先生/小姐，你所提出的这些问题，我知道非常重要，待会儿我们可以专门来讨论。

现在我想先用几分钟的时间来介绍一下我们产品的特色是什么，为什么您应该购买我们的产品，而不是向其他人买。"接下来你可以很顺畅地开始介绍你的产品了。使用类似的话语，将客户所提出的这些借口型的拒绝先搁置一旁，转移他们的注意力到其他感兴趣的项目上，在多数的情形下，这些借口就会自动消失。

3. 批评型拒绝。

有些客户在购买过程中，会以负面的方式批评你的产品或公司。例如"我听人家说，你们的产品质量不好，所以我对你们的产品没有兴趣"。当客户提出类似的批评或意见来打击你时，你所需要做的是告诉你的客户"先生/小姐，我不知道您是从哪儿听来的这些消息，同时我也能够非常理解您对这些事情的担心……"接下来解除客户这个拒绝。

有时候当客户提出批评型拒绝时，首先你要做的事情就是先不要去理他，看看客户到底对于这种批评型的拒绝是真的关心还是随口提一提而已。

并不是所有客户所提出的拒绝我们都需要去处理，许多的拒绝只是客户随口提出来的。这时候，最好的做法就是用一个问题反问他"先生/小姐，请问价格是您唯一考虑的因素吗"，或问"如果我们的质量能够让您满意，您是不是就没问题了呢"，或是告诉客户"当您在考虑到价格问题的同时也会让您注意到产品的质量也是非常重要的，您说是吗？所以等一下，您就会明白为什么我们的产品一点都不贵，而且是绝对的物超所值了"。

当然，如果客户对某个拒绝一而再、再而三地提出，那就表示这真的是他所关心的问题，而你也必须认真地处理这个拒绝了。

4. 问题型拒绝。

客户可能会在某些时候提出一些问题来考验你。我们应该具有一种信念：当客户提出问题时也就是代表客户正在向你要求更多的信息。

对于这种类型的拒绝，首先要对客户表示认可及欢迎，你可以说"我非常高兴您能提出这样的问题来，这也表示您对我们的产品真的很感兴趣"。接下来你就可以开始回答客户的问题，让客户得到满意的答案。

在处理问题型拒绝时，你对产品必须要有充分的知识。对产品的充分知识，是一个顶尖的推销人员所应具备的基本条件之一。

5. 表现型拒绝。

某些客户特别喜欢在推销员面前显示他们对你的产品所具有的专业知识，他们常常告诉你，他们非常了解你的产品，时常在你面前显示他们是这一个行业的专家。

每当你碰到这一类型的客户时，首先你要做的事就是称赞他们。因为这一类型的客户之所以会做这些事的主要目的之一，就是希望得到推销员对他们尊重。当然，他们也希望从推销员口中听到对他们的专业知识是如何敬佩，这会因此而增加他们的自信心以及增加对你这个推销员的好感。

所以当你遇到表现型客户的时候，你要不断地称赞他们。切记千万不要和这一类型的客户争辩，即使他们提出的看法是错误的，你要说"先生/小姐，我实在很惊讶，您对我们的产品具有这么多丰富的知识，这可以显现出来您对这些产品真是非常的专业。我想您既然是这么专业了，对于我们的产品到底有哪些优点以及它们能够对您带来哪些利益，相信您应该非常清楚。我现在所做的是站在客观的立场上来告诉你，我们的产品另外还有哪些特点以及可以为您提供哪些服务。我想当我介绍完了以后，您就可以了解到底为什么我们的产品是适合您的"。接下来你就可以开始解说你的产品了。

6. 主观型拒绝。

主观型拒绝表现在客户对于你这个人有所不满，你会感觉到似乎客户对你的态度不是非常友善。

当主观型的拒绝发生时，通常表示你与客户的亲和力建立得太差了，你可能谈论太多关于你自己的东西，而注意力放在客户的身上太少了。所以这时候，你所要做的是赶快重新建立你与客户间的亲和力，赢取客户对你的好感与信赖度，少说话，多发问，多请教，让客户多谈谈他的看法。

设法不使客户拒绝

美国律师界有一句名言："如果你事先不知道答案，决不要轻易盘问对方的证人。"光说不练，难以服人。请看美国律师是怎样做到只问知道答案的问题。

一个律师代表一起离婚官司的女方出庭，向男方发问："请你用'是'或'不'来回答我的问题。请问你是不是停止打老婆了？"

如果男方回答"是"，律师立即会说："尊敬的法官大人，各位陪审员，你们听清楚了吧，这个人以前打老婆！"

如果男方回答"不"，更不得了，律师一定会一口咬定："请看，这个人还在打老婆！"

要是男方想辩解呢？会立即遭到律师的严厉制止："请你回答'是'或者'不'！"

不管对方怎么回答，提问者早已准备好各种应变方案，使事态朝着自己预定的方向发展。

在推销中，推销员经常被一些突如其来的问题弄得目瞪口呆，狼狈地败下阵来。其实，只要你牢记你的目的，预先堵住可能造成麻烦的漏洞，创造一种安全的推销气候，主导整个沟通过程，大部分问题是完全可以消弭于无形之中的。你就会明白，优势属于你，成功属于你！

让我们来看看推销员最怕、最头疼的三句话：

（1）辛辛苦苦地谈完了，好不容易说服了对方，冷不丁听到对方说一句："不错不错，我要跟××商量商量！"

（2）不断地转换角度促成，对方仍淡淡地说："我还要考虑考虑！"

（3）历尽艰辛成交了，墨水还没有干，客户突然通知说："我不要了，给我退货吧（我要解约）！"

这些话不由得令人长叹："无可奈何花落去！"其实，你完全可以让这些话通通消失。

尽量避免谈论让对方说"不"的问题，而在谈话之初，就要让他说出"是"。销售时，刚开始的那几句话是很重要的，例如：

"有人在家吗？……我是××汽车公司派来的。今天，我是为了轿车的事情前来拜访的。……"

"轿车？对不起，现在手头紧得很，还不到买的时候。"

很显然，对方的答复是"不"。而一旦客户说出"不"后，要使他改为"是"就很困难了。

因此，在拜访客户之前，首先就要准备好让对方说出"是"的话题。

例如，对方一出现在门口，你就递上名片，表明自己的身份，同时说"在拜访你之前，我已看过你的车库了，这间车库好像刚建没多久嘛"。

只要你说的是事实，对方必然不会否认，而只要对方不否认，自然也就会说"是"了。

就这样，你已顺利得到了对方的第一句"是"。这句本身，虽然不具有太大意义，但却是整个销售过程的关键。

"那你一定知道，有车库就比较容易保养车子喽？！"

除非对方存心和你过意不去。否则，他必须会同意你的看法。这么一来，你不就得到第二句"是"了吗？

如果对方真的要拒绝，那不仅仅是口头上的一声"不"，同时，他所有的生理机能（分泌腺、肌肉等）也都会进入拒绝的状态。

然而，一句"是"却会使整个情况为之改观。所以说，比"如何使对方的拒绝变为接受"更为重要的是：如何不使对方拒绝。有一位教推销学的教师是这样去训练具有两年以上推销经验的推销员的：

他以一个停车设备完善的高级住宅区作为"目标"，让学员们利用大多数人晚上回家这个时候，一家一家去观察，看看哪些家庭使用的是小型汽车，哪些家庭使用的是老爷车。另外，他还派一个学员到监测所抄录一个停车场的使用者名单（也就是某停车场某栋楼某号位置为某先生或小姐所"拥有"）。

把市场调查的结果和停车场使用者名单相对照，确定无误之后，让学员们开始"第二回合"的访问。

访问的时候，学员们都以这么一句作为使对方"同意"的开始："我不是来卖车子的，我想你大概不久就要换新车子，所以特地送一份目录过来，让你做个参考。"

为什么要让学员们这么说？就是为了得到第一句"是"。

当你处在与客户讨价还价的过程中时，就可采用本法。具体做法是，你必须先在客户心里播撒些"想象和暗示的火种"。然后，在交谈过程中，这些"火种"就会不知不觉地悄悄在客户心中蔓延开来，使客户在交谈中变得更为积极，成为让客户产生尽快成交想法的催化剂。

只要你在交易一开始时，利用这个方法给客户一些暗示，客户的态度就会变得积极起来，等到进入交易过程中，客户虽对你的暗示仍有印象，但已不认真留意了。当你稍后再试探客户的购买意愿时，他可能会再度想起那个暗示，而且还会认为这是自己思考得来的呢！

客户经过商谈过程中长时间的讨价还价，办理成交又要经过一些琐碎的手续，所有这些，都会使得客户在不知不觉中将你预留给他的暗示，当作自己所独创的想法，而忽略了它是来自于他人的巧妙暗示。因此，客户的情绪受到鼓励，定会更热情地进行商谈，直到与你成交。

只要有一点小小的构想，例如"做市场设想"或说"我不是来卖车子的"等，要成交一笔生意，并不是很困难的。

任何一种借口、理由，都有办法事先堵住，只要你好好动脑筋，勇敢地说出来！也许，一开始，你运用得不纯熟，会碰上一些小小的挫折。不过，不要紧，总结经验教训后，完全可以充满信心地事先消除种种借口，直奔成交，并巩固签约成果！

聪明捕捉拒绝的信号

1. 对推销者不理不睬。

不论多么迟钝的人都会察觉到这是一个非常不愉快的态度，这个表情表示"不愿意再和你周旋"。

如果是在一般的家庭的话，太太会故意打小孩、整理衣物，总之一切的动作在暗示着叫你赶快回去。但是他们却始终不直接说"这样的东西我们不需要，你赶快回去吧"。

面对这样的态度应该怎么办呢？有很多人遇到这样的情形，会尽快留下目录和小册子，然后就回去了。

这实在是很失败的做法，所以先不要认为对方真的是很忙，如果真的无法使对方和你交谈的话，不妨先沉默一下，缓和现场的紧张忙乱气氛。

对方看你既不回去，又不说话，一定会很惊讶，说不定还会坐下来和你聊聊天呢！这时候你不妨先沉住气，拿出目录来，一一地做说明。

如果你看到这样的情形，心里也很不高兴，担心会发起脾气来的话，不妨干脆就说"等你有空时再来"。总之，不要突然离开，否则会把彼此的关系弄得更僵。

2. 拿出来的目录，对方连一眼都不看。

这是完全不在乎推销员的一种表示，这样的客人也是非常多的。

这样的态度也是显示着要推销员早一点回去的意思，但是，为了达到推销的目的你仍然要拿出目录来，一一加以说明。

虽然他不想接受你的态度，或看你的东西，但是，只要你说了，对方还是会听得见。所以，你先假想对方会很专心地听你的说明，你当然必须说得很起劲了。

如果对方毫无反应的话，你就按照自己原有计划一直说下去吧！

3. 不愿接受名片。

有的人不愿意接受推销员的名片，知道来者是推销员之后，就会认为对方是来要你买东西，要你掏钱的。

经验不足的推销员遇到这样的情形往往会慌张失措，甚至面红耳赤。但是，这都不是一个推销员应该有的表现。

当你递出名片而对方不愿意接受的时候，你不妨将它放在桌上或门口，无论如何不能再将它收回来的，因为这表示"我将要回去"的意思。

至少你要让客户知道，有一位推销员推销了某一种商品，所以留下名片是有必要的。

4. 始终不愿意开口。

无论你说了什么，对方始终不愿意开口，这也是一种拒绝的表示。

但是，对方只是默默坐在面前，不给任何的信息，倒不如大吵一架来得有意义呢！

如果你遇到的就是这样的一个难题，你只好不顾一切，拿出目录来，自己唱独角戏了。

不论什么样的案例都有一个共同的特征，以肢体反应表示拒绝的人，通常个性都比较怯弱，一旦打入对方的心扉之后，谈话往往会进行得意外地顺利。

所以以无言表示反抗的客户一旦最初的抵抗失去效果之后，往往有50%的成功可能性。

5. 转移视线。

有人虽然起初也在认真听推销员的话，但是，渐渐地焦躁了起来，突然变得毫不关心的模样。这也是拒绝的现象，意味着厌倦了你的谈话，或者是叫你早一点回去。

虽然你凝视着对方的脸，可是他立刻将视线移开，这样表示推销的活动已经到了绝望的地步。唯一的方法是赶快结束今天的谈话，因为对方已经开始表示厌倦了，再谈下去只是白白浪费时间和精力而已。

6. 身体向后靠，双手抱胸。

一直是听得很入迷的样子，突然之间却将身体向椅背上靠去，或抱起双手，对推销员的谈话也爱理不理的，这也是危险的信号。

这个时候推销员即使说一些和推销无关的话，对方也不会再有任何反应了，所以推销员最好闭上嘴巴，不再说话，这是唯一的方法。

7. 一副毫不知情的样子。

推销员前来拜访时，如果客户要表示拒绝，有80%会以言辞来击退推销员，其余的二成以不在乎的态度表示无言的反抗。

后者起初也许也会用言辞来反驳，但是经不起推销员的执拗，最后就干脆闭口不说了。

但是，最好不要造成唱独角戏的场面，不妨找几个易答的问题，听听对方的意见。

例如"你知道这个产品该如何使用吗""哪一家公司的产品性能最好呢""你觉得价格合理吗？会不会太贵？还是太便宜了呢"。

8. 焦躁不安的神情。

小孩子在哭闹之前，身体会先左扭右摆，表现出焦躁不安的神情，这样的动作持续了一阵子之后，小孩子才会突然地哭泣起来。

大人的肢体语言也大致一样，当焦躁不安的神情出现时，对推销员的商品说明，他再也没有心情去听了，所以焦躁不安的神情也是一个危险的信号，表示你可以回去了。

在这个时候，如果你已察觉苗头不对，就赶快收拾说明手册，打开皮包。这样的动作给对方"啊！他终于要回去了"的讯息，情绪就会再度安定下来。

如果这个时候对方仍然安定不下来的话，唯一的方法就是先回去，然后期待下次再来时，对方的情绪能够稳定一些。

9. 看手表，注意时间。

这是推销员最不愿意见到的一个动作。但是遇到这样的情形时，千万不可慌张失措。分秒必争的人毕竟是少数，只是没有人将宝贵的时间分给推销员罢了！如果还有别的重要的事情，推销员应早一点了解。

"你还有约会吗？几点呢？"推销员可以明确地提出这个疑问。

"没有啦"或"嗯"回答不外乎是这两种，知道了之后，商谈就可以再继续下去。

但是，如果在你们谈话的时间长达半个小时或一个小时之后，发现对方在看手表，就表示你的确该告辞了。

10. 眼神空洞的时候。

"眼睛是灵魂之窗"，当客户对推销员的谈话感兴趣时，眼中会流出闪烁的光芒；而且他会一直注意着对方的眼神。

对于客户而言，最高兴的一件事大概是推销员早一点回去吧！

这虽然是推销员非常不愿意知道的，但却是一个存在的事实。重要的不是你在客户这儿停留了多久，而是你的意思对方接纳了多少。

11. 拒绝面谈。

拒绝面谈是在非常明显地表示拒绝推销员上门。

一般的家庭会在门口就告诉你现在家里没空，然后"砰"的一声，把门关上了，或者在对讲机报出姓名，了解来意之后，连见面的机会都不愿意给。

如果是公司的话，老板会叫一个秘书来打发你。

这样的情形是推销员最不愿意遇到的，如果不论访问多少次结果都是一样，倒不如先找一个有力的理由去拜访，效果会好一些。

12. 客户不在家。

有的时候客户是真的出去了，但是大多数的情况是在家，只不过不愿意出来罢了。这种情形特别容易发生在第二次或第三次再去拜访的时候，虽然感觉非常不舒服，但是也无可奈何。

遇到这种情形唯一的方法只有留下名片、目录、宣传单，说明来意之后就回去。

但是在名片背面一定要写明来意："某月某日，登门拜访，可惜您不在家，未能碰面。留下一份目录，希望能提供您参考。"即使没有当面见到你的客户，也不要放弃任何可以利用的机会。

13. 对方失约。

虽然已约好某月、某日、某时，在家里或办公室见面，但是对方却出去了。或许你为了担心他会忘记，前一天会先以电话联络过，但是对方仍然失约了。

这种情形往往不会是忘记或者突然有急事，大多数只是为了逃避，一种胆怯的做法，但是每一个人都会为自己的行为做很多不实的解释。遇到这种情形你不可以就败兴而归，别忘了再留一张字条给他："在约定的时间前来拜访，您大概是突然有急事，未能见面，非常可惜，希望我们下次还有机会再见。明天9点钟以前我会再打电话和您联络"。

客户也是人，他也会反省自己的行为是否欠妥，如果这样反复三四次之后，对方的防御自然会不攻而破，最后大多是可以缔结合约的。第一次或第二次的拜访通常是比较辛苦，但是苦尽甘来是做每一件事情必经的过程。

14. 因为有客人来了，叫你移动座位。

在办公室正和对方对坐着谈话时，突然有人进来，客户要你将位子让给这位新来的客人。这时你们的谈话已渐入佳境，突然要改变整个场面的气氛，实在非常可惜，但是又不能不照客户的话做，你只好坐在一旁等着。只是你坐在一旁时，对方就会完全不在乎你的存在，因为他也想早一点把你赶回去呢！

这个时候你衡量一下状况，找一个合理的机会，插进去说："我可不可以把话说完！"如果对方再不给机会的话，你再告辞也不迟。

移动座位也表示对方不想购买的意思。

15. 面谈的时间极短。

即使见了面，但是彼此只不过问候寒暄一下，两分钟之后，对方就立刻说"今天就到此为止"，企图终止你们的谈话。

虽然比完全不出面要好得多，但是，事实上这也是一种非常强烈的拒绝方式，因为有时候是为了某种原因不得不见面一下，例如介绍者是一个非常重要的人。

尽管面谈的时间极短，至少你已经拥有一次机会了，即使不能在这次的面谈中获得实际的成效，也要让对方留下一个好印象，而且神情必须非常愉快。

16. 长时间的等待，使人烦躁。

不论哪一种交易，只要一发火，交易关系也就结束。有很多客人都有一种错误的观念，认为让推销员等很久没有关系，但是，却从来不会体会到等人的痛苦。

无论推销成功与否，从推销员角度来看让人久等绝对不是一件受欢迎的事情。

如果你的客户让你久等的话，最后往往只会有两种结果产生，一种是干脆不与你见面，还有一种即使见了面，马上就明显表示拒绝。因为客户会让你久等，表示他一点都不关心这件事，不在乎这件事，所以对这个交易你也别抱太大的希望。

17. 由代理人来接洽。

如果是在一般的家庭，真正的经济决定权大多是在男主人手上，但本人却不出面，而是由太太来代替，有时候也会叫上中学的儿子出来应付，若是遇到这样的客户实在也没有什么好办法。

在这样的情形下，对方真正的用意是想要把你赶走，但是又觉得你怪可怜的，所以随便叫一个人出来和你应付一下，你也应该满足了。

但是和没有经济决定权的人商谈，就不会有成功的机会。如果可以叫这个人代为传达，这未尝不是一个好方法，或者可以将样品、目录留下来，再以一张便条纸告知来意，慎重地向对方交代："无论如何请你一定要交给你父亲（你先生）。"不过你应该再找个合适的机会再来拜访一次。

除非是心肠真的很硬的人，否则只要你多走几趟，当事人应该会给你机会。

在还未见面之前，总会猜测这大概是怎么样的一个人。结果往往会令人很意外地发觉他的软弱。这样的人在遇到推销员时，即使被说服决定购买，但事到临头时还有可能会反悔。

因此，在商谈时要按照进度，一步一步地来，最后成功的几率才会比较大。

18. 谈话中间由代理人来代替。

虽然遇到了有经济决定权的人，但是谈了一会儿话之后，话题进入了重点核心，客户突然说："我找另外一个人来和你谈。"然后就离席而去。

这的确是一件很令人生气的事情，但是也无可奈何，因为这也算是一种非常强烈的拒绝反应。

19. 气氛恶劣。

只要稍微用心留意的人，对现场的气氛都是很敏感的。

当推销员表明来意的时候，对方虽然没有明显地说出拒绝，但是从当时的气氛可以察觉出来。

20. 在商谈当中做起别的事情来。

原来是在注意听着推销员的话，但是在谈话当中，突然一转身，开始做起自己的事情来，完全无视眼前推销员的存在。

如果是在家里的话，太太会转身去洗衣服，或者教小孩子做功课。不管怎么样，这些举动都是拒绝的身体反应。

21. 移动座位。

虽然和推销员对坐着谈话，但是突然站起身来，离开座位，毛毛躁躁，一副不耐烦的样子，尤其是当对方露出不悦的神情时，几乎很难再让他回到原位，静下心来听推销员的说明。

但是，他并没有说"你可以回去了"或者是"我不想买了"，所以这时候如果你有充裕的时间的话，不妨静静地盯着对方。

聪明应对客户的借口

1. 对付"改天再来"的借口。

"请你改天再来吧！我今天不买。"

"我现在不需要，也许改天吧！"

这样推辞的客户，一般说来，属于下列两种类型的人：

（1）感觉敏锐，能照顾对方的立场，很讲究礼貌；

（2）优柔寡断，不能给予对方明确的答复。

对付第一类型人的方法：这种人看来沉静且易于接近，而事实上，要说服他们得花费相当的功夫。

简短交谈后，如果对方"请你改天再来吧"的原意仍然未变，那你就要"改变策略"了。

"冒昧地打扰您了，真是抱歉。那么，我就改天再来拜访了。"

第一次访问的时候，吃客户的"闭门羹"是很平常的事。重要的是，还要再接再厉进行第二次访问，若得到的答复仍同第一次，那么，这笔生意成功的希望也就很渺茫了。

对付第二类型人的方法：当这一类型的人推辞的时候，你要虚心地接受：

"哦，是这样的啊，也难怪，现在物价高涨，谁买东西都是计划一下的。"

如果你接着又说："不过……"那你若不是性格不成熟就是有性格缺陷。

遇到这种情形，经验丰富的推销员应该是这么说的：

"考虑？这是当然的。一台缝纫机几百元，再怎么样，也不能随随便便就决定买。不晓得哪个机构——好像是轻工业部吧，曾经做过一项统计。统计结果表明，85%的家庭都有缝纫机。这倒是相当惊人的。"

"85%"这个数据，无形之中将使得客户产生"哇！那我家就包括在剩余的15%里头了"的心理，从而引起客户购买的欲望。

总而言之，访问客户一切都要按实际情况而定，或是"坚持到底"或是"适时辞退"。当然，最"保险"的方法莫过于先把商品的说明书交给客户，两天之后，再去访问。

2. 对付"很忙"的借口。

"我现在很忙，请你改天再来吧！"当客户这么推辞的时候，你该怎样应付呢？

一般而言，这若不是客户的借口，就是他在撒谎。所以，你要迅速（是一眨眼不是两三分钟）而准确地看出究竟是"真忙"还是"假忙"。如果对方是"真忙"，你又该如何"应付"呢？有下列两种方法：

（1）"约定时间"洽谈。"我看您这样忙碌，好像很快乐嘛！打扰您还真是不好意思呢。就这样吧！五分钟，请您抽出五分钟听我说几句话，好不好？说完我立即就走。"

真正忙碌的客户，如果你事先和他约定好"五分钟"，他也可能愿意抽出这五分钟时间听你说明的。否则，"这个人不晓得要跟我啰唆多久"的心理，将使得他踌躇不前。

（2）适时离开。当客户推辞的时候，宁可先说："打扰您真抱歉。那，我就改天再来拜访了"，而不要等客户说"我说不要就是不要"之后才离开。

重要的是，你已经说过"改天再来"，这不仅告诉你自己，更告诉了对方"不久之后，我会再次登门拜访的"，同时，千万要记住，离开时的态度要好，不可令对方感到厌恶。

3. 对待"不急"的借口。

山口先生是一家房地产公司的推销员，这家房地产公司除了访问销售外，也经常在报纸刊登广告销售房子。以山口先生多年经验来看，客户最常见的推辞是：

"单元楼？我如果告诉你我不想买，那是骗人。但现在谈这个，确实言之过早。"

"现在手头紧哪，实在没有办法。"

客户之所以会这样推辞，是因为他有如下的想法：

"当然！能有个完完全全属于自己的家是再好不过了。"

"只可惜手头太紧。"

"所以，最好还是等存够了钱再买。"

"用分期付款的方式，第一笔款子付了之后，以后就比较轻松了。"

"说不定等我买的时候，房地产的价格还会下跌呢！"

山口先生深深了解客户的心理，自然也有他的一套"对策"。他首先把向金融机构贷款的方法，及资金周转的方法等资料提供给客户作参考。此外，并把房价上涨预测的资料和其他有关资料提供给客户。然后，告诉对方："您的想法，我十分了解，的确，只有少部分经济宽裕的人才能说买就买……但是，以我过去的经验来看，买房子只等存钱是不行的，要从资金周转和付款方式上想法子才行。您请看看这些图表……"

山口先生拿出的图表有经济增长率的预测、房价上涨的预测、工资上涨的预测、物价上涨的预测。

"从这些图表，您可以看出存钱的速度无论如何是赶不上物价、房价等的上涨速度。所以，您的考虑是多余的，想买就买，越早越好……所以说，您这样子存钱，其结果，您所想要的东西，不但不会离您近些，反而会离您越来越远。"

说"不急"的客户，事实上，其主要问题仅在于他是否决心买——只要有决心，自然应有办法买。

当客户这么推辞，而只能回答"是"的推销员，必然是做事不用大脑的人。

4. 对付"挡驾"的借口。

白野先生是F保险公司的推销员，他的推销是到中小商店和企业公司去拉生意。当他到公司时，习惯性地总是以这样的话开头：

"对不起，打扰一下，我是F保险公司派来的，敝姓白。请问总经理在吗？""总经理不在，出差去了。"

遇到这样的情况，他不得不说："好的，那么我改天再……"然后垂头丧气地离开。

因为白野先生一开口就指名要找总经理，所以受到职员的阻挡。如果说："可以见见其他的人吗？"这样的话职员阻挡他的话也就说不出口。

如果白野先生换一种开场白就活络多了。

"对不起，我是从F保险公司来的，敝姓白……"

"总经理不在，出去了。"白野先生事先已经想到会遭到拒绝，心里早有准备。于是马上改口说："我今天来不是找总经理，我想拜访各位……"尽管总经理不在，但这样一来就轻易地将僵局打破了。总经理不在，也一样可以向主任、科长、科员推销。登门造访时，有了这样的心理准备，才不至于被逼到死角。

专门替T汽车公司销售卡车的罗先生，他的方法是在销售访问之前，先翻阅工商界的名册或汽车公司的推销报刊，然后才出门。

当进入一家公司时，他总是客气地问："总经理或者是××主任在吗？"由于他从不单单指名要找总经理，因此"总经理不在"的托词，对他来说，根本发生不了任何作用。

在登门造访时，要突破"负责人不在"这样的防线，有两大原则：

（1）事先要有被拒绝的心理准备。

（2）有不被拒绝的预防措施。

单指名、单人造访的推销术，容易使推销员吃闭门羹。推销员要打破僵局，只有使用"复指名"（即不单指名）拜访的销售方式。

5.对付说"服务没保证"的借口。

有一位客户在两年前买了一架编织机，商店的售后服务只是派一位技术员去过两个钟头，而销售编织机的推销员却再也没去过。在销售过程中，推销员很辛苦，几乎每天挨户去拜访，然而生意一旦成功，就不再露面了。像这样，哪有售后服务可言。这是我们常可耳闻的一般客户对推销员的怨言。

其实，公司提供售后服务，并不只是派技术员给客户指导。要知道能在客户脑海里留下深刻印象的是推销员的"动态"——是否经常到客户家里做售后访问。

"机械的情况如何？专门性的纺织技术，我当然不会，可是……"

像这样的售后访问虽不是什么了不起的服务，但对于客户的心理却有很大的影响。

推销缝纫机的丁先生，常对客户说："我并不是要推销缝纫机，只是想介绍你利用缝纫机做你喜欢的服装，好让你经常享受最新潮的服装式样。俗话说：'钓上来的鱼，不要再饲养。'但我们绝不这样做。如果这样，客户的心意一定会改变的。"

"这个推销员，大概不至于把东西卖掉就算了吧！"客户一般都会这样想。

推销员与客户初次见面时的举止言谈，往往留给客户极为强烈的第一印象。如果客户很重视售后服务的话，那么一定也十分重视售前访问。因此，作为一个推销员，如果能预先安排一次成功的售前访问，自然而然地会使客户对你的销售诚意深信不疑。

总之，推销能否奏效，"开头"是很重要的，每一个推销员必须记住这一点。

6. 对付"发年终奖金再买"的客户。

"等我领到奖金再买。"这是客户的借口。

发明15分钟推销术的某企业界前辈曾说过："你如果隔了一个礼拜再打电话去告诉客户，你是先前跟他谈过的某某公司某某人，问他下了决心没有，结果得到的回答总是：'嗯！我有你的名片，想要买的话，我会打电话给你。'但是，几乎有99%至100%不会打电话来。"

应付这种客户，不妨采用下面的方法：

（1）你们就要领到年终奖金了，我能不能推荐一项产品给你？

（2）我绝不推荐你买廉价、滞销的产品，请你在领奖金之前，好好考虑一下。

（3）我们公司的客户大部分都是在领奖金以前就决定了，等领到奖金之后才下决心买的很少。

每个人的性格都不相同，上述方法不会都行得通。但是，对才开口就被拒绝的推销员，不失为一种好的方法。

7. 对付"我对目前供应商很满意"的借口。

太棒了！正是你想听到的。不要因为这句话而灰心，其实你很容易找到机会来建立关系，如果你能让准客户说下去的话。虽然他现在很满意，但并不代表他会一直满意下去。

准客户说这句话的意思是，他目前的供应商是他有办法找到的供应商中最好的一个。说不定你有更好的商品、价格、交货能力、服务、训练或保证。

准客户谈的只是他所知道的范围。他根本还不了解你或你们公司。如果你知道他们的关系为什么如此令人满意，对你的下一步的相应对策很有帮助。

这里是最常见的12个对目前供应商满意的原因：

（1）价钱合理或特殊优惠。

（2）商品或服务品质。

（3）有特殊生意关系。

（4）有个人关系。

（5）已经合作多年。

（6）不知道有更好的——一直自觉划算或得到好服务。

（7）供应商"在我有需要的时候会帮我的忙"。

（8）很棒的（很亲切，很迅速）服务。

（9）有库存（随时送货）。

（10）个人服务与特殊待遇。

（11）别人介绍（我们都是在这家买的）。

（12）懒得更换供应商，反正又没花到自己的钱（自己不是老板）。

在这12个情况中找出适合你的处境的，然后再去克服这个反对的理由，否则你是在浪费时间。

（1）取得现任供应商的资料。"你最喜欢目前这家供应商的哪一点"以及"有没有你想改变的事情"。

（2）展示不同点。"我们最近引进了新科技，远超过你们现有的设备。如果你能给个机会，我们很乐意示范给你们看。"

（3）给我们一次机会。建议准客户试用你推销的产品30～90天，或是下一张订单试试。

（4）下挑战。"我相信你会同意这一点的，准客户先生，身为一位企业家，你应该主动地去寻找会给公司带来最高回馈的方法。"有满意的客户就有志得意满的供应商。要求做些可以让客户比较高低的工作。

（5）有经验的回答："琼斯先生，当我个人对供应商很满意的时候，我还是需要另外一家供应商当作参考，以确保自己真正得到最好的价格、最好的商品与价值。"

（6）询问他选择的过程。"你用什么标准来衡量你的供应商？"提出跟标准有关的问题，可以让准客户想想未来的表现，而不仅限于眼前。

在这种反对理由下成功的4个关键：

（1）找出他们关系的起源。多知道一些过去的事。了解准客户什么时候启用现在的供应商。

（2）提出这两个最重要的问题。像"你最满意他们什么地方"以及"如果可能的话，你想做哪些改变"。

（3）提供资料。如果你有机会提供资料，一定得以一流手法借机表现一番。

（4）强调你与目前的客户都有长期的关系。告诉准客户，你有兴趣和他慢慢培养合作关系，你并不期望事情一下子就会有很大的改变，而是让时间来证明你的表现能力，表明你希望能够取得和这个现任供应商相同的机会。

8. 对付"我需要总公司同意"的借口。

当你听到这句话："我需要总公司同意。"有一半以上是谎言（一个令人沮丧的托词）。这种反对理由给你的挑战是，弄清楚它到底是不是事实。

询问准客户有关取得总公司同意的程序："那得多久时间？""是一个人决定就行了，还是要全体委员会同意？""如果是委员会，他们什么时候开会？""我可以提出企划书吗？""你手头有没有企划书的样本？""我可以跟决策者联络吗？"

向准客户挑战："没问题。我了解。趁现在我在这儿的时候，跟他们联络吧，这样子我才能够回答他们可能会有的问题。"请求当场打电话能够判定准客户所言（需要总公司同意）是否属实。如果他试图编些借口，说明不能当场打电话的原因，很可能是因为并不需要总公司的同意。假使你嗅到犹豫或不安的气息，他八成没说实话。

直接发问让准客户说出事实，如果你不相信准客户说的是实话，找出真正的反对理由来。

准客户是否说实话，一试便知："告诉我，准客户先生，如果不需要总公司的同意，你会不会购买？"

如果回答"会"，那么你已经跨越了做成这笔生意的第一个障碍了，不管总公司同不同意。

寻找解决问题的变通方法：

（1）有些时候区经理有一笔可自由动用的预算。

有时候预算有最高金额的限制，所以如果你能开立数张发货单，把大额数目分成小额数目，可能会奏效。

（2）有很多方法可以避免这种反对的发生。比如约谈之前，你对这位准客户做了多少的工作？你不应该问些太直率的问题，比如："你是唯一的决策者吗？"这听起来销售意味太浓了，而且对准客户有点侮辱的意味。换个方式说就可以了。试试这一句："还有没有其他人参与这类问题的决定？"我们的目的是，在做商品说明之前，弄清楚还有没有其他人有决定权。

这种反对最不幸的情况是，它只是准客户在不想（或没那个胆子）直接拒绝你的情形下，最方便的一个推托借口而已。它就像一次令人大失所望的空转，但你还是要振作精神。

如果你真的想要这笔生意，就要尽全力去争取。不要让总公司妨碍你接到一笔大订单。到总公司去，把订单拿到手，有人就这么做。

9. 对付"我想到别家看看"的借口。

当你刚刚做完一次精彩的介绍，你知道你有最好的商品，而且你已经把每项优点都解释清楚了，但是准客户却说："我想到别家看看。"这实在是很令人气馁的事。你要怎么做或怎么说才能在今天拿到这笔生意呢？

优秀的推销员是训练有素的，可以处理反对的理由，并在适当的时候促成推销。他们会利用准备完善的商品说明，帮助自己当场完成推销。以下是一个很少用的技巧，但却是很有力的推销工具，不但可以完成推销，还能让准客户对你的不懈努力留下深刻的印象。

假设情况：琼斯先生需要一台汽车电话以便生意上的沟通能够更方便、更迅速。他跟你见了面，听你介绍完毕，但是却说他想多看看。

这可能不是真正的反对理由。

在这种情况下，你的目的是让琼斯先生处于一个今天就会购买的情况，或者是说出他真正反对的理由。你可以试试这个法子：

推销员："你知道吗，琼斯先生，很多客户在他们跟我购买汽车电话之前，也想过要做跟你一模一样的事。我相信你想以手头现有的钱买到最好的汽车电话以及最好的服务，对吗？"

琼斯先生："那当然。"

推销员："你可不可以告诉我，你想看些什么或者比较些什么呢？"（这时他说的第一句和第二句话，应该都是真正的反对理由——除非他只是想把你摆脱开来。）

推销员："如果在你跟别家公司做完这些方面（一个个说出来）的比较之后，发现我们的最好，我想你一定会回来向我们购买的，对吗，琼斯先生？"（好了，这会儿是让琼斯先生说出打算的时候了。）

推销员："太好了！我们有很多客户在购买以前也想四处看看，但是我们都知道这会占用你很多宝贵的时间。你想买一台汽车电话的首要原因，就是想给自己更充裕的时间，不是吗？为了帮你省时间，我们已准备好一份市场调查表，里面是前20名竞争对手的商品一览表、服务项目以及价目表，请你过目（现在慢慢把你们商品占上风的比较项目，尤其是琼斯先生提过的，一个一个指出来，并说明给琼斯先生听）。好啦！琼斯先生，你想安排什么时候安装？"

注意：琼斯先生现在一定大为惊奇，你把作业做得这么好，同时他也一定吓了一跳，自己竟然得马上做决定，要不就得说明自己真正反对的理由。

一张你们公司与别家公司在商品、服务、价格等方面的对照表，可以让你的准客户当场购买，而不会想再到别处看看。

也可以提议由你来替他做比较。让琼斯先生告诉你，他想比较哪些项目。告诉他，你会把结果用书面形式寄过去给他，由比较结果来决定是否购买。

琼斯先生会说："我不想让你这么麻烦。"你回答："琼斯先生，我很重视你这笔生意。我不介意做这些。它可以让我有机会证实一下，我们确实是个中的佼佼者。况且，我们从来没有输过任何一场竞赛。"

现在，鼓起你最大的勇气说："你要现在先买下来呢，还是要等比较结果出来了再说？"

聪明处理客户的异议

1. 忽视法。

所谓"忽视法"，顾名思义，就是当客户提出的一些反对意见，并不是真的想要获得解决或讨论，这些意见和眼前的交易扯不上直接的关系时，你只须面带笑容地同意他就好了。

对于一些"为反对而反对"或"只是想表现自己的看法高人一等"的客户意见，若是你认真地处理，不但费时，还有旁生枝节的可能。因此，你只要让客户满足了表达的欲望，就可采用忽视法，迅速地引开话题。

忽视法常使用的方法如：

（1）微笑点头，表示"同意"或表示"听了您的话"。

（2）"您真幽默！"

（3）"嗯！真是高见！"

2. 补偿法。

当客户提出的异议有事实依据时，你应该承认并欣然接受，强力否认事实是不智的举动。但记得，你要给客户一些补偿，让他取得心理的平衡，也就是让他产生两种感觉：

（1）产品的价格与售价一致的感觉。

（2）产品的优点对客户是重要的，产品没有的优点对客户而言是较不重要的。

世界上没有一样十全十美的产品，若有，也会遭到价格过高的抱怨。客户购买产品，当然要求产品的优点愈多愈好，但真正影响客户购买与否的关键点其实不多，补偿法能有效地弥补你产品既存的弱点。

补偿法的运用范围非常广泛，效果也很实际。例如艾维士一句有名的广告："我们是第二位，因此我们更努力！"这也是一种补偿法，客户嫌车身过短时，汽车的推销员告诉客户："车身短能让您停车非常方便，若您是大坪数的停车位，可同时停二部。"

准客户："这个皮包的设计、颜色都非常棒，令人耳目一新，可惜皮料不是顶好的。"

推销员："您真是好眼力，这个皮料的确不是最好的，若选用最好的皮料，价格恐怕要高出现在的五成以上。"

3. 太极法。

太极法取自太极拳中的借力使力。澳洲原住民的回力棒就具有这种特性，用力投出后，会反弹回原地。太极法用在推销上的基本做法是当客户提出某些不购买的异议时，推销员能立刻回复说："这正是我认为您要购买的理由！"也就是推销员能立即将客户的反对意见，直接转换成为什么他必须购买的理由。

我们在日常生活上也经常碰到类似太极法的说辞。例如主管劝酒时，你说不会喝，主管立刻回答说："就是因为不会喝，才要多喝多练习。"你想邀请女朋友出去玩，女朋友推托心情不好，不想出去，你会说："就是心情不好，所以才需要出去散散心！"这些异议处理的方式，都可归类于太极法。

客户："收入少，没有钱买保险。"

推销员："就是收入少，才更需要购买保险，以获得保障。"

客户："我这种身材，穿什么都不好看。"

推销员："就是身材不好，才需要稍加设计，以修饰掉不好的地方。"

客户："我的小朋友，连学校的课本都没兴趣，怎么可能会看课外读本？"

推销员："我们这套读本就是为激发小朋友的学习兴趣而特别编写的。"

太极法能处理的异议多半是客户通常并不十分坚持的异议，特别是客户的一些借口，太极法最大的目的，是让推销员能借处理异议而迅速地陈述他能带给客户的利益，以令客户满意。

4. 引用事例处理异议。

保险这项商品，可以说是无形的，而且不曾发生过切肤之痛的人是无法体会的，可还是有不少保户会在事故发生后，痛陈保险无用之处，原因无它，就是因为当初在投保时不是推销人员解说不够详细，就是保户认识上有所误差，才会造成理赔上或是再推销上无形的阻力！

客户："隔壁王先生当初也买了保险，可是在工作时被机器压断了手，保险公司也没赔半分钱，连工作都丢了，现在还得付保险费，买保险有什么用？"

推销员："王先生的遭遇实在令人很同情，不知道他买的是什么样的保险？"

客户："听说是只要缴费二十年，终身享有保障的！"

推销员："那是目前最流行的终身型保险。不晓得王先生是否有附加残障附约？"

客户："什么叫残障附约？"

推销员："目前一般寿险是以死亡为事故，也就是说要被保险人死亡时，保险公司才照保险金额理赔保险金，如果有附加残障附约的话，得视残障的等级，共分为六个等级，给付不同的保险金，同时免缴以后的保险费！"

客户："要是被保险人身故之后呢？"

推销员："再按保险金额提取一倍或多倍不等的金额，我想王先生当初一定没有附加残障附约！"

客户："好像是吧！我曾经听他说，哪有那么巧就会断手断脚的！"

推销员："所以说，也不是保险公司不讲人情，在他失去工作能力时，不但不补偿他，还要他继续交保险费，实在是他当初认为没有这个必要，没有多买一份附约，才使自己的权益无法享受到更完整的保障！"

有很多问题、纠纷只能归诸于"推销员讲错、客户听错"，最重要的是在再推销时要找出问题重点加以解决，才有可能进一步促成。

如果客户对保险的观念不正确是来自他人的经验时，只要稍做解释即可修正过来，万一是客户本身对已买的保险不满，必须从头灌输正确的观念，才有可能再推销新的契约！

客户："买这份险都缴了五年保费，也没看到半毛钱，还不如把这些钱丢到水里，至少还可以听到'扑通'一声！"

推销员："当初因为您的小孩还小，家庭支出较大，才为您设计纯保障的保险，一来保险费便宜，二来可以多买一些保障，其实，你应该庆幸还好没看到钱，平平安安才是福气啊！"

客户："可是，总觉得万一将来老的时候身边都没什么积蓄的话也挺不方便的！"

推销员："所以啊！今天我为您设计的正是为将来储蓄一笔养老金，以前的那份保险是为您百年之计着想，而这份保险则是为您退休后多一笔钱可以运用，到时候就不用向孩子们伸手要钱！"

客户："这份险保险费一年要缴这么多，可是保险金额只有30万！太划不来了！"

推销员："光看保险金额您当然会觉得很贵了！可是当您小孩满6岁以后，每三年可以领回一笔不少的奖学金，而且愈领愈多直到22岁啊！"

客户："可是保障方面呢？"

推销员："保障方面您不用担心，有将近十倍的保障，也就是说有将近300万的保障，保险金额只是个计算基础，您不能因为数额少就认为保障少，领回的金额也少！"

5. 以彼之矛，攻彼之盾。

有些推销员喜欢以正面攻击突破客户的防线，硬要问清楚客户真正的意思。

例如，当客户说"孩子还小，暂时不考虑投保"时，很明显的，这种理由多半是种借口，不需要去追究真实性有多少。不过，偏偏就是有些推销员非要搞清楚客户是真的这么想还是只是推托之辞，当场毫不留情地予以反问："那么何时才是您觉得应该投保的时候呢？"

如此一问，原本客户只是随便找个借口来拒绝，被推销员一反问，不是瞠目以对便是胡乱答应："这个嘛！目前无法确定。"一般客户就算受过高深教育也是这样，也不擅长口头上提出异议，因而一旦推销员展开反击时，往往穷于应付！

问题是当推销员眼见客户面露窘色不知如何回答，还自以为得意，自认这次拒绝语言技巧处理大大成功，接下来再接再厉展开推销一定可以顺利签下合约；事实不然，这种做法反而起反作用。被驳斥得无言以对的客户内心里一定十分不高兴，从而对推销员产生敌意，一心只想着只要一逮着机会一定以牙还牙予以报复，再也无心倾听推销员如何大肆吹嘘保险的重要性、必要性。

只因为一句话伤及客户的自尊，使客户不再打开心扉是不合算的。事实上，明知客户说的是借口、谎言，也不要当面揭穿它，反而应唯唯诺诺敷衍一番，这才是对客户的尊重，彼此的话题才能继续说下去。也许客户不断提出不同的借口来拒绝，至少表示客户对你仍还有几分好感，否则大可以直接结束谈话，送客出门。

谦虚地接受客户的拒绝，尊重客户的拒绝，这才是拒绝话语应有的基本态度；切莫逞一时之快，自以为聪明地戳破客户的借口。

6. 利用周围事物处理拒绝。

为了让拒绝的语言技巧取得更佳效果，不妨多多利用客户周围的事物作为题材，一般人都有一个共同的心理，与自己无关的人、事、物终究是他人之事，很少会付出真正的关心；但是一旦事已关己，则己心大乱！

客户：“我家小孩根本不爱念书，买了也没用！”

推销员：“可是，做妈妈的都放弃的话，还有谁来关心孩子的作业呢……那盆茉莉开得真漂亮，是您种的吧？”

客户：“是啊！”

推销员：“每天都要浇水吧！您对一盆花都那么爱惜关心，为何会对孩子的事不管呢？孩子也跟花一样，花需要浇水施肥才会开得漂亮，否则很快就枯死了。同样的，孩子也需要有人细心呵护，不断供给养分，如果因为孩子不爱念书就不买书给他，那孩子只会更不想念书，您说是吗？”

客户：“资质差再用功也没有用！”

推销员："××太太，您戴的金戒指款式真别致，黄金这种东西原本是以颗粒状藏在污黑的石头中，相信您一定也听说过，必须先将石头打碎，将其中的金砂、金粒取出，再加以淬炼才能成为纯金。人脑中也藏有无数的金砂、金粒，就看是否有人愿意赐予一臂之力，加以淬炼成金，相信您一定希望自己的孩子成龙成凤，您愿意帮助他吗？"

总而言之，以眼前看得见的物品做比喻，更具有说服力，同时也可利用亲切感改变客户执意拒绝的心意。因此，拜访前不妨事先准备一些可用于比喻的小道具，若能从客户家中、身上所有之物找寻出适合的题材，效果更好。

7. 利用客户的信用。

当客户要选择比较名贵的商品时，常常会有一种"警戒"心理。这与推销员本身或公司声誉的好坏并没有关联，而是客户的一种害怕受骗的本能。这时，一定要将"销售就是卖自己的信用"这个公式牢牢地记住，然后灵活地运用。

中村先生是一个有希望的客户，但是当推销员直接与他交易时，中村先生因害怕受骗的心理作祟，拒绝了。如果是销售高手，就会想别的方法突破，否则，就会使进一步销售的计划中断。你可以从公司的客户中，找出与中村先生相熟的小坂先生，由他来做侧面的建议：

"你想要买车子啊！那种牌子的车子很不错，推销员讲的话可能不同，但是，那种牌子的车子确实不错，我的公司就买了两部。"

这段话一定会在中村先生心中产生作用，比推销员去一百次更有效。

推销员与中村先生直接会面，因为害怕受骗，中村先生一定会拒绝。如果推销员与小坂先生接头，小坂先生所说的话会使中村先生产生信赖的心理。这样，中村先生的心理就会消除"警戒"。如果小坂先生不是公司的客户，可以先打听一下，这位小坂先生住在哪里。只要精于问话，可以很容易地得到这个人的地址。

然后，到小坂先生住的地方找小坂先生交谈，撇开商品的事，先和小坂先生建立良好的关系，这样一来，小坂先生在与中村先生的交谈中，就会谈到你，这时成功离你就不远了。

8. 提出合理的理由。

推销员要面对的准客户不全部都是可以以情来诉求的，其中一定也会碰到必须以理来诉求的准客户。遇到这种准客户，一定得运用着重理性的语言技巧来对付，尤其是面对男性客户或者是有男主人在场的情形，就算对方不以理性的借口作为拒绝的理由，也必须事先提出合"理"的理由。

准客户："孩子还小嘛！我认为买不买保险都无所谓！"

推销员："不，您错了！在以前农业社会根本没有什么保险观念，就算个人发生不幸，还有大家庭可以照顾遗孀，可是现在都是所谓的'核心家庭'，就算您的兄弟姐妹有心想施以援手也是力不从心，何必为您的家人增加不必要的困扰和担心呢？"

准客户："可是我在银行里还有存款啊！"

推销员："有多少呢？能让您的家人衣食无缺地生活多久呢？能让您的小孩无忧无虑地念完大学、出国深造吗？"

准客户："……"

推销员："这就是关键所在，购买这份我为您特别设计的保险，可以让您和您的家人永远不再烦恼下半辈子的经济问题，相信您在可以选择的范围内，一定会愿意所有状况的发生都是在您可以做主的情况下！"

准客户："这个嘛……"

推销员："患难之交是在患难发生时才能知道的，可是，现在就有一个患难之交在患难还没有发生前，您就可以确定的，而且是完全不打折扣的，请您不要再犹豫了！为了您，为了您的家人，有备无患是绝对不会错的！"

在说完这段话之后，不妨再以图表来加强自己的说明，让客户亲眼目睹事实，在纯粹以理诉求的情况下，最重要的就是冷静、清晰地说明。

促成缔结的技巧

1. 利益汇总法。

推销员："王总经理，谢谢您拨出那么长一段时间，听了我们推荐给您的这款普通纸传真机的产品说明，刚才也看了实际的产品操作，我们可以以贵公司目前实际使用的需求状况，以贵公司的立场评估这台普通纸传真机的有利点与不利点。这里有一张纸，我们可以把您同意的有利点写在左边，您较不同意的地方，我们把它写在右边。

有利点	不利点
（1）容易在接收的传真文件上面书写。 （2）一定规格的输出纸张，易于归档、不易遗失。 （3）30 张 A4 的记忆体装置，不会遗漏商机。 （4）速度快，能节省电话费。 （5）不需要经常换纸。 （6）节省纸张成本。	（1）体积较大。 （2）价格较高。

"您提到过您很高兴能让您很容易在收到的资料上批示意见，您也喜欢一定规格的输出纸张，便于归档，又不易遗失；30 张 A4 的记忆体，让您绝对不会因缺纸而漏收了信息；其他如速度比您目前使用的要快；能省下许多长途电话费；纸张容量200张，不需要经常换纸；普通纸的价格只占了感热纸的1/4，能节省您纸张的成本等，这些都是

您使用后立刻可以获得的好处。当然这台机器还有一些功能，目前贵公司使用得可能较少，但相信随着贵公司销售额的成长，这种需求一定会逐日增加。

"此外您也提到体积较大、价格较高等两个缺点，是的，这台传真机的确比您目前的那台要大一些，如果我们把它和一般的桌上型个人电脑比较起来，它要小得很多，个人电脑在贵公司几乎是人手一台，总经理您就把它当成多装了一台电脑。本机的价格是比一般感热纸的要高，但如果我们以使用五年来看，相信王总经理您立刻可以发觉您在每月国际电话费、传真纸上所节省下的费用，早就可再买一台机器了。

"总经理，您看（将利点、不利点分析表再次递出给王总经理看），您选择的这台普通纸传真机，不但能提升公司的作业效率，费用方面还能节省，愈早换机愈有利。总经理，是不是明天就把机器送来？"

2. 前提条件法。

前提条件法是缔结的一个重要手段，它隐含着这个用意："我愿意做这样的牺牲，但是否为了表示您的诚意，也同意我的要求"。前题法的使用，能给客户一些压力，让客户加速做决定，能探测出客户心理的底线，若是客户仍不能做正面的决定，表示客户所期望的仍大于您目前所提供的。

公司为了配合推销员的推销活动，在交易条件上也会给推销员一些空间，碰到特殊案例，空间也可能更大，有经验的推销员能利用公司给予的弹性，灵活运用在前提条件法中，获得订单。

推销员："孙先生，这间房子您总共来看过五次了，夫人也来看过两次，相信一定有什么问题困扰着您。"

孙先生："这房子虽然已经有十二年了，但这个地点对我们夫妻俩上班都非常方便，小孩上学走路也只要5分钟，以方便性而言，的确是不错。"

推销员："对呀！其他来看过的客户都有同感。"

孙先生："屋主对价钱方面能不能再少15万，您也知道，有一面和浴室共用的墙渗水，看起来应该是浴盆的问题引起来的，我们搬进去，还要花一笔钱来整修。"

推销员："房价方面，我已经尽量替您争取了，屋主也已经降了20万，这已经是底价了。"

孙先生："价钱不降，总应该更换浴盆，把墙壁渗水的问题解决！"

推销员："孙先生，我看您非常有诚意，不瞒您说，另外有几个客人陆续都要出价，若是我能说服屋主花钱把浴盆及墙壁渗水的问题解决，您是否就能同意签约？"

当你推销能改善工作效率、增加产量或降低成本的商品或服务时，你可选择运用成本价值法来做缔结的手法，它能发挥极强的说服力。

3. 询问法。

透过询问法来缔结有两种方式，一为直接询问，另一个是使用选择式的询问。

多数推销员都畏惧直接向客户开口要求订单，他们害怕客户会拒绝。事实上，如果你能把握住前面的推销技巧原则，如以利益满足客户的需求、能技巧地处理客户提出的异议等，当你以诚恳、坚定的语气向客户提出定单要求时，客户想要拒绝你，在内心里也要经过一番挣扎，才会对你拒绝。因此，推销员不要因畏惧拒绝而忽视了直接询问要求订单的威力。

选择法使用得当能让客户及推销员都皆大欢喜，因为你免去客户考虑较伤脑筋的问题，如到底是买还是不买？你让客户考虑的是较容易的事情，如范例中的星期一送货？还是星期二送货？客户很容易决定。

不过使用选择法时，要掌握住适当的时机，要在你能判断出客户同意购买的状况下，使用起来才不着痕迹，否则会显得唐突或让客户看出你在使用它。

推销员：王总经理，您是否在预约单上签下您的大名，我好安排出货手续？（直接询问法）

推销员：王总经理，您看是星期一给您送过来，还是星期二送比较方便？（选择法）

4. 哀兵策略法。

当推销员山穷水尽，无法缔结时，由于多次的拜访和客户多少建立了一些交情，此时，若你面对的客户不仅在年龄上或头衔上都比你大时，你可采用这种哀兵策略，以让客户说出真正的异议。你知道真正的异议，有如"柳暗花明又一村"，你可确确实实地掌握住客户真正的异议，只要能化解这个真正的异议，你的处境将有180度的戏剧性大转变，订单将唾手可得。

推销员："刘总经理，我已经拜访您好多次了，总经理对本公司的汽车性能也相当认同，汽车的价格也相当合理，您也听朋友夸赞过本公司的售后服务。今天我再次拜访您，不是向您推销汽车，我知道总经理是推销界的前辈，我在您面前推销东西实在压力很大，大概表现得很差，请总经理本着爱护晚辈的心情，希望总经理一定要指点一下，我哪些地方做得不好，让我能在日后改善。"

刘总经理："您不错嘛，又很勤快，对汽车的性能了解得非常清楚，看您这么诚恳，我就坦白告诉您，这一次我们要替公司的10位经理换车，当然换车一定要比他们现在的车子要更高级一些，以激励士气，但价钱不能比现在贵，否则我短期内宁可不换。"

推销员："报告总经理，您实在是位好的经营者，购车也以激励士气为考虑点，今天真是又学到新的东西，总经理我给您推荐的车是由美国装配直接进口的，成本偏高，因此价格不得不反映成本，但是月底将从墨西哥OEM进来的同级车，成本较低，并且总经理一次购买十部，我一定说服公司尽可能地达到总经理的预算目标。"

刘总经理："哦！的确很多美国车都在墨西哥OEM生产，贵公司如果有这种车，倒替我解决了换车的难题了！"

你可以按下列的步骤进行哀兵策略：

第一步：态度诚恳，做出请托状。

第二步：感谢客户拨时间让你推销。

第三步：请客户坦诚指导，自己推销时有哪些错误？

第四步：客户说出不购买的真正原因。

第五步：了解原由，再度推销。

5. 单刀直入促成交易。

进入准客户办公室之后，10秒钟内你便开始促成交易。你要先说明这次见面的目的，并且告诉他你打算怎么做，还有你的三大策略：

（1）我是来此帮忙的。

（2）我希望能建立长期关系。

（3）我会工作得很开心的。

一开始便说明你的目的与人生观，会让准客户觉得十分自在。它可以建立信用与尊敬，而且开辟了一条随时可以交换资料、建立好感的大道。

6. 与客户分享使用经验。

单纯的商品知识是没有用的，除非你知道它该怎么用才能使客户满意，使客户获得好处。表面上看来，这似乎很简单。但是你究竟付出多少，去了解现实生活里你的客户们如何使用你的商品或服务？他们如何在工作环境中使用它们？

了解商品的使用方法，你才能知道如何事半功倍地去推销它。

在大部分的情况中，最后使用者并非购买者。那些购买复印机或电脑的人，往往并不是那些每天使用它们的人。最后使用者才能告诉你重要的推销资讯，这很容易弄清楚——去拜访你的客户们：

（1）看看商品的使用情况。

（2）问问他们喜欢的有哪些，不喜欢的有哪些。

（3）问问他们最喜欢的是什么。

（4）问问他们会做些什么调整以及如何做这些调整。

（5）问问他们售后服务如何。

（6）观察相关人员的操作情形。

7. 不确定缔结法。

这种方式最适合使用的时机是当你已经要求一个客户购买产品之后，你发现客户仍然在犹豫不决。这时你可以突然停下来说："嗯，等一下。我好像记得这一类型的产品已经没货了，让我查一查看我们是不是有你喜欢的这个型号，好吗？"或者当客户正在看一种产品，而你此时走过去说："这种商品非常畅销，但我们仓库里面可能没有存货了，让我打个电话帮您问问看。"运用这种方式，让客户感觉到他可能会买不到这种产品。

心理学上我们发现当一个人越得不到一件东西的时候，他就越想得到它。使用这种方式来促使客户成交，有时候是非常有效的。

不确定缔结法时常被使用在那些推销女性精品服饰或珠宝的店里。

比如有一位女士进入一个高档的服饰店，当她看上一件衣服，可能价格非常昂贵，所以她一直迟疑不决地不敢做出购买的决定，因为她可能怕买了以后，她的先生会责怪她，或者怕会遭受其他人的批评。精明的售货员在这个时候，就会走过去告诉这位客户："嗯，这件衣服非常适合您。但是等一下，我不确定是不是还有适合您的尺码了，让我先去检查一下，您可以等我一下，我去查一查吗？"当客户答应售货员的请求后，十有八九代表这个客户已经想要购买了。当售货员过了几分钟回来后，告诉客户："哎哟，您实在是太幸运了，适合您的尺码的衣服刚好只剩下最后一件了。"在这个时候，售货员可能更容易地促使客户做出购买决定。

8. 总结缔结法。

总结缔结法的使用是当你在做完了所有的产品介绍之后，你再用短短的几分钟时间，把刚才你向客户介绍过的产品的所有好处、优点，很快地从头再复述一遍来加深客户的印象，提高他的购买意愿。当然在你使用这种方法时，你要知道你所列出来的产品的利益或者好处，有哪一种或哪两种是客户最在意、最感兴趣的，那么你在做总结缔结法的时候，就要把80%的注意力一直放在强调其中的一种或两种最主要的购买利益点上面。

9. 宠物缔结法。

宠物缔结法的来源是宠物店的老板所使用的技巧。宠物店的老板时常发现小孩子常常吵着父母为他们买一个宠物。有时父母怕麻烦并不希望养宠物，但经不起孩子的吵闹，所以父母就带着小孩子到宠物店去随便看看，而当小孩子看到一个非常喜欢的宠物而爱不释手时，这时父母通常会拒绝购买。而此时宠物店老板就会很亲切地告诉这个父母和孩子："没有关系，你们不需要先急着购买，你们可以把这只小猫/小狗先带回去，跟它相处两三天，然后看看你们是不是喜欢这只小狗或小猫。过两三天以后你们再决定，如果不喜欢，可以把它再带回来。"所以父母与小孩子带着这只可爱的宠物回家，经过几天以后，全家都爱上了这个小宠物，所以父母掏钱买了这只宠物。这就是所谓的宠物缔结法的来源。

宠物缔结法让客户实际地触摸或试用你所推销的产品，让他们在内心中感觉这个产品已经是属于自己的那种感觉，适用于推销那些可以看得到、摸得着、有具体形象的产品。

有一个专门推销办公设备的公司运用这种宠物缔结法而使他们

的销售额大幅度提高，从而领先其他同业。他们的做法非常简单，他们并不是雇用非常有技巧的推销员，他们做的唯一的一件事情是派人到潜在客户的公司介绍他们产品，然后让客户选择他们认为有趣的产品，之后免费地把这些客户有兴趣或需要的产品放在他的办公室里，让客户免费地试用一周。

依照销售心理学的研究发现，当产品交到客户的手上，并使用一段时间后，甚至只是短短几天，在他的内心就会产生一种认为这一产品已经是属于自己的感觉，而推销员要再来把这种产品拿走时，他的心里总是会有一些不习惯，而且自然当他心里已经习惯这种产品是属于他的时候，他就更容易做出购买决定了。

因而，有可能的话，让你的客户试用你的产品，这样他会更容易做出购买决定。

全世界最大的日用品销售公司之一——安利公司也曾经使用过这样的方式。他们要求推销人员去拜访客户的时候，每个人手上提一个产品试用袋，在他们拜访客户的时候会将这些装满各式各样产品的安利试用袋交给客户，告诉客户可以随意试用这个袋子里的任何产品，而且都是免费的。过了几天或一周后，推销人员会回访这位客户，询问客户对这些产品的使用有什么心得或者需要协助的地方。安利公司仅仅使用这样的方式，就使他们的公司创造了惊人的销售额。

10. 订单缔结法。

订单缔结法是当你和客户进行产品介绍的一开始，你先拿出一张预先设计好的订单或购买合同，在这张订单或合同上你依照假设成交法的问句形式设计一系列的从浅到深的问题，并在这张订单上写上日期或客户姓名等基本资料。通常有可能当你拿出这张订单的时候，客户会紧张地说："等一下，我还没有决定买你的东西呢！"这时候你可以非常轻松地对他说："不要紧张，这张单子并不是要让您买东西，只是因为我怕把我们等会儿所讨论的内容忘了，所以我想将一些细节记录在这上头，等我们说完后，如果您不想买，我们就把它扔到垃圾筒里。"而每当你和客户谈话时，你就不经意问一句："这种产品您比较喜欢红色还是蓝色呢？"每当客户回答后，你就将答案写在或者勾在你的订单上面。而每当你问客户一个订单上的关于购买产品的选择性的问题时，你就提高了客户对购买这种产品的意愿，也就让他更容易做出购买决定了。然后当你一旦已经得到客户所有关于在你订单上所列的问题，或者当你已经把这个订单填完时，大概你的成交步骤也完成了80%或90%了。最后你可以使用假设成交法问客户："你觉得我们是明天送货还是今天送货比较好呢？"当你问完客户这些问题，你就把订单交给客户，然后让客户签字。

许多人并不直接使用这种成交方式，但这种缔结方式确是非常有效的，而且也非常容易。另外一种使用方式是当你向客户介绍产品时，你也发现他已经对这种产品有兴趣了，这时候你可以拿出你的订购单或购买合同，同时问他"先生（小姐），请问您的送货地址是什么呢"或者"您今天可以先付多少订金呢"。当他告诉你送货地址或订金数额的时候，也就表示他已经决定买你的产品了。同样地，当你写完购买合同后，就交给客户签字。

11. 隐喻缔结法。

每个人都喜欢听故事，所谓的隐喻，就是讲一个相关的故事给客户听。

曾有一位在保险业非常顶尖的推销人员，他总是随时准备许多用来解除客户拒绝的故事，每当他碰到客户对购买保险有所拒绝的时候，他就会讲一个相关的故事给客户听。例如当有客户说："我已经有很多的财产和不动产了，我为什么还需要买保险呢？"这时候他会告诉客户："先生（小姐），我非常理解您的看法，因为当一个人觉得已经有很多的资产和不动产的时候，他会觉得自己不需要买保险了。我以前有一位朋友，他也是非常有钱，拥有许多的资产和不动产，他的资产超过了几千万，但是去年他57岁的时候，在一次意外中死亡了，而那时候他的妻子才只有50岁。可是因为他生前没有买保险，所以当他死亡后，所付的各种花费、遗产税及其他各种税金等等费用总共超过了400万元。想想看，你觉得是每个月花1000元钱买保险比较划得来还是损失400万元划得来呢？"这样，他利用别人的故事来诱发了这个客户的购买意愿。

所以，每当客户出现一个拒绝的时候，你就可以说一个与这个拒绝有关的，而且有说服力的故事来解除他的拒绝。

有一位汽车推销员也善于使用隐喻缔结法，他所推销的汽车是比较安全坚固的，但价格却比较高。而每当客户抱怨价格比较贵时，他会说："先生（小姐），我们的车是比一般的车子贵，可是您知道吗？我曾经有一个朋友，半年前为了省一两万元钱而买了一辆没有我们车子这么安全的汽车，后来在一次车祸中，坐在后座的小孩子，受到了严重的伤害，现在还躺在医院里。你觉得是2万元钱重要，还是一个人的生命安全重要呢？"

曾经有一个顶尖的推销人员，在他的行业中连续维持了近一年的推销冠军纪录，而他所做的就是花了3天的时间在一张纸上列出最常遭遇的客户拒绝，而且针对每一种拒绝点找了2~3个不同的故事来解除拒绝。这样，他的业绩大幅提高。或许我们也应该做相同的事，来帮助自己提高业绩。

12. 对比缔结法。

对比原理是一种人类的知觉原理，它影响着人们看待依次出现在面前的两种事物的区别上。简单地说，对比原理被使用时，我们往往会以为两种事物之间的区别比它们之间的实际区别还要大。例如，当我们先举起一个较轻的甲物体，再举起一个较重的乙物体，我们对乙物体的感受重量会大于直接举起乙物体的感觉重量。再如，如果我们先与一位漂亮的女士交谈，然后有一个相貌平平的女士加入我们的谈话，那么，相比之下，第二位女士给我们的印象会比她的实际长相还差。

对比原理在心理学领域已经得到充分确认并被广泛使用于沟通、说服、谈判、销售等各领域。

假设一位客户走进一家时髦的西装店，说他想买一套西服和一件毛衣。如果你是售货员，你如何推销才可能使客户多消费？聪明的服装商教他们的售货员先卖昂贵的商品。或许有人会认为如果一个人花了很多钱买一套西装，他可能不情愿再花很多钱买一件毛衣。可是，聪明的服装商会使用对比原理：先卖较贵的西服，因为当客户已经习惯了西服的价格后，当他买毛衣时，尽管毛衣的价格昂贵，但与西服的价格相比就显得不那么昂贵了。

一个人可能会在花600元买一件毛衣的事情上犹豫不决，但是，如果他刚刚花了2500元买了一件西服，600元一件的毛衣似乎感觉就不那么贵了。但若售货员先介绍价格低廉的商品再介绍价格昂贵的商品，结果会使昂贵的商品显得更贵。

同样的道理，若你先将手放入一桶冰水中，之后，你马上将手放入温水中，此时你对温水的感觉会比实际的温度高，反之亦然。因此，正如使同一桶水显得更热或更凉取决于前一桶水的温度，使同一件商品的价格显得高一些或低一些也是可能的，这取决于前一件商品的价格。

某些房地产销售公司使用此种对比原理：每当他们开始向客户介绍要脱手的房子时，他们总是先介绍一些不受人欢迎的房子。这些房子并不打算销售给客户，而是给客户展示这幢"诱饵房"。当客户看完破房子后再领他们去看真正想卖的房子时，相比较之下，自然第二幢房子显得更有价值，也更值得购买。

判断签约的时机

1. 客户把你的估价资料始终摆在最上面，并仔细考虑时。

推销人员必须特别注意此点，因为一旦推销人员把正式的报价单送到顾客手上，一定可以确定此时顾客已经达到订购产品的阶段，否则最好是口头报价即可。既然估价资料已送达客户手中，就必须注意要在最短的时间内引导顾客缔结，若你发现你的估价资料客户始终放在最上面，可以判断顾客对你的产品已产生浓厚的兴趣。这时，推销人员应将各种方法配合运用，做好缔结的工作；反之，很多经验证明，客户甚至翻箱倒柜都还找不到你的资料，或根本是摆在最下面而从未过目，则没有任何缔结的机会。

2. 谈起同业的使用情形时。

很多客户的采购习惯会考虑到其他同业的购买情形，尤其是讲究品牌形象的产品，客户比较偏向询问其他业者的订购及使用情形来做为采购的参考，因此当客户在商谈之中忽然提到××公司采购的样式、规格、数量等较为敏感的问题时，推销员应该顺着客户的话语来考虑，与客户取得共鸣点，也就是要顺着顾客之问题来特别强调××公司的订购情形，以求缔结时机的成熟，准备缔结的进行。

一旦顾客询问同业采购使用情形时，推销人员可提供数家已交易过的潜在、实际客户，这样可帮助推销员加速缔结过程，同时更可让顾客加深对产品的信心，因为客户购买的心理多少存有××公司都在使用或××公司亦敢使用，自己也并不是试用者的第一人而减少疑虑，加速缔结过程。

3. 谈到价格及付款条件时。

当客户很认真地与你深入谈到价格及各种合约的条件（例如付款条件的比率）时，推销人员必须体察到如何由被动转变为主导缔结。假使客户所提的购买条件已经给你参考，此时不论其条件是否接受，推销员必须主导顾客立下草约书或签购同意书（除非所提出的条件太离谱）。这种主导让客户自己所提出的购买条件书面化（非正式合约），造成客户写下"YES"，而推销人员与客户签下草约内容后，相信公司对于这类的推销绩效评价一定很高，也不会失去缔结的商机。

4. 请你稍候，与第三者讨论时。

当顾客与推销人员商谈过程中，或商谈到某一个关键时刻，顾客请你稍候，而客户与第三者（比如更高级别的主管）讨论此案件的各种内容，这也是缔结时机的来到。因为经过顾客内部的讨论后，对订购商品的欲望总是比较高，回过头来给推销员的讯息也许是前面所提的结论，这时推销人员亦可引导顾客做缔结的进行。

5. 要求看样品或实品时。

顾客仔细地与推销人员商讨欲购买的产品，并检讨过规格、数量或价格等条件后，若这是属于新开拓的客户，顾客可能对产品仍不完全明了，信心可能不足，顾客提出要参观样品，若你销售的产品其体积不是很大，推销员应以最迅速的时效提供给客户看，并逐一说明，必要时当场实际示范。若你销售的产品体积过大，或者是固定在某特定地点，推销人员应安排时间陪同参观，当顾客参观过实品，亦是客户决定缔结的时机。

商谈签约的要领

商谈缔结完成的要领，当然要看实际的状况而定，并不是一成不变。因此，必须在日常工作中多做准备，多接受训练，才能得到良好的结果。下面列举商谈签约的要领。

1. 保持冷静的态度。

推销员正当与客户商谈并进行签约时，许多推销员由于过于兴奋，不容易保持严谨的态度。不论能否接受对方的条件，推销员都必须保持冷静，千万别过于紧张，因为客户可能随时会提出各种与签约有关的问题来询问推销员。推销员时常因为没有保持冷静的态度来思考下一步骤的进行方式，以及决定如何来进行签约的方式，而造成许多应该特别注意的合约细节没有办法详细洽谈，这些都是由于推销员没有保持冷静的态度所造成的。

更重要的一点是有些推销员正在进行签约时，很容易疏忽合约的内容，或双方针对合约内容在协商期间，对于客户所提出的修正感到耐心不够，造成双方的意见不一致。甚至于推销员引起客户的不满，继而造成双方难以再继续进行。例如客户经常喜欢加注"罚款条件"，或是一些比较敏感的字句来控制合约条件，聪明的推销员更应随时保持冷静的态度，尽量与客户沟通。要随时提醒自己，超过自己的权限范围，不要当场答复，给自己预留退路，让双方的思考氛围稍微缓和，但是推销员要察颜观色，随时注意客户的反应，避免因小失大。

2. 合约内容要确认清楚。

资历较浅的推销员很容易在与客户洽谈合约时疏忽合约的细节，等回来整理正式合约之后，才发现许多合约内容没有事先确认清楚，等到你发觉之后再去确认，很容易引起一些对你不利的因素产生，甚至整个合约都有变化。所以，推销员要特别注意在没有签定正式合约之前，客户反悔，造成签约失败的现象。一般比较重要的合约内容包括"付款办法""支票日期""交货日期""交货方式"及一些客户主动加入的条文或删除的文字等。总而言之，推销员一定要记住，签定合约是双方站在同一阵线上来签约，遇有不同的看法时应沟通出一致的看法与立场，以确保签约成功。

3. 引导客户开出条件，并立下书面草约。

绝大多数的客户在最后的议价过程中，都出现在价格上的不同意见，而推销员很容易因彼此双方的价差而无法做最后的决定，或是价格以外的其他条件之不同，也无法圆满达成目的，这是十分可惜的。甚至于客户已经主动提出他的意见而推销员还无所适从，这种情形实在很难谈到合约内容。因此，推销员遇到双方谈论到某个阶段，售价及条件无法协议好时，应该随时引导客户谈及他心目中理想的价钱或是其他条件，使整个谈判过程由被动变成主动，并试着与客户达成书面协议书，这种技巧并非每一位推销员都有能力完成。应选择时间来引导客户立下书面协议书，这种书面协议书在促进签约成功的几率，若是能引导客户同意开出的条件，并签下草约，则成功已达百分之九十。

4. 避免露出高兴、得意万分的表情。

推销员正在进行签约程序或是刚完成签约时，应保持平常心。虽然签约属于相当兴奋的事，但是推销员在商谈签约进行时，勿露出非常高兴，得意万分的表情，否则很容易让客户觉得他最后的采购决定是错误的，而产生怀疑，更容易因此而改变签约的意愿，甚至更改决定或放弃原方案，这是十分可惜的。

签约过程中，应谨慎小心说话，避免言之有误而前功尽弃。推销员尽量以庆祝的语气来消除对方的不安，并且以适当的言辞表达最高的谢意。让客户感觉到推销员的真心与诚意，对他所购买的产品，深感放心。同时，你在与客户签约进行时，若能事先知道客户面临哪些问题，有哪些问题在合约内能替他处理，若能暂时把签约的喜悦留在心中，以关怀的立场表达你对客户的关心，让客户感受到推销员愿意与他共同解决问题，那么在这时候，客户与你之间的合约进行得一定很顺利。等到合约一签订，客户还向你说"谢谢"或"恭喜"，这是成功推销员最大的成果与收获。

5. 尽早结束拜访时间。

推销员与客户进行各种签约的任务时，应机警地判断其他有碍于签约顺利进行的各种状况发生。最重要且经常性发生的是此时遇到强烈的竞争对手出现。推销员应了解，你的竞争对手有可能是无所不用其极地来个大甜头给客户，也许因此而再度影响客户的决定，严重的则会使整个签约进行宣告失败，这是何等残忍，推销员的确不可不防。最佳的处理方式是你完成签约的任务时尽快结束拜访，与客户确定双方正式签约的时间及地点之后，随即适时告退，避免其他不利的事情再度发生，避免给客户再考虑的空间。

要避免犯的成交错误

同时，在成交过程中，应该避免以下的几项错误：

1. 避免与客户发生争执或直接指出客户的错误。

永远不要和你的客户争执，不论客户对你的产品提出什么样的批评和如何不满意。如果客户仍有某些抗拒和担心，那么在此时提出老客户的见证或某些客户的口碑来给他看。你可以说："先生（小姐），我非常了解你为什么对这些事情有所担心，我这里刚好有一些以前的客户在购买我们的产品后，关于使用产品的经验和意见，我想这会对你很有参考价值，你可以花几分钟看一看。"

接着就把这些客户的见证递给他们。

2. 不要恶意批评你的竞争者。

如果你的客户说到你的竞争者是如何如何好，他的产品的价格是如何如何便宜时，你可以告诉客户："先生（小姐），我知道这家公司的产品和价位各方面都是相当不错的，而我们的产品和他们的产品所不一样的地方是……"。

你就可以趁机再强调一次你的产品的优点和别人的产品的差异之处。当然，前提是你必须对你的竞争者的产品及优缺点有充分的了解，否则，你根本无从比较。所以在提到你的竞争者时，要注意提到的是产品有什么好处，或是客观地比较二者之间的差异性或优缺点，不要恶意地批评或中伤竞争者。优秀的推销员应有职业道德，不要专说别人的坏话，如此你才会让客户更尊重你的品格。

3. 永远不要对你的客户做出你无法兑现的承诺。

不要为了让你的客户一时做出购买的决定，而对他们做出你根本无法达到的承诺。因为这种做法最后只会让你丧失客户，让客户对你失去信心，那是绝对得不偿失的。

许多推销员在成交的最后过程中，为了能使客户尽快地签单或购买产品，无论客户提出什么样的要求他们都先答应下来，而到最后当这些承诺无法被满足的时候，却发现绝大多数的情况下会造成客户的抱怨和不满，甚至会让客户取消他们当初的订单。而且当这种事情发生时，我们所损失的不是只有这个客户，而是这个客户以及他周边所有的潜在客户资源。

4. 在快要成交时，务必小心应付。

当生意快谈拢或成交时，千万要小心应付。所谓小心应付，并不是过分逼迫人家，只是在双方谈好生意，客户心理放松时，推销员最好少说几句话，以免搅乱客户的情绪。此刻最好先将摊在桌上的文件慢慢地收拾起来，不必再花时间与客户闲聊，因为与客户聊天时，有时也会使客户改变心意。如果客户说："嗯！刚才我是同意了，现在我想再考虑一下。"那你所花费的时间和精力，就白费了！

5. 成交之后，推销工作仍要继续进行。

专业推销员的工作始于他们听到异议或"不"之后，但他真正的工作则开始于他们听到"可以"之后。专业推销员知道，一旦他与客户达成了交易，如果他想完成这项交易，他必须继续推销，而不是停止推销（不是回过头来重新开始推销产品，而是推销自己，推销公司的支持系统和售后服务）。

永远也不要让客户感到专业推销员只是为了佣金而工作。不要让客户感到专业推销员一旦达到了自己的目的，就突然对客户失去了兴趣，转头忙其他的事去了。如果这样，客户就会有失落感，那么他很可能会取消刚才的购买决定。

避免和应对客户的反悔

对有经验的客户来说，他会对一件产品发生兴趣，但他们往往不是当时就买。专业推销员的任务就是要创造一种需求或渴望，让客户参与进来，让他感到兴奋，在客户情绪到达最高点时，与他成交。但当客户的情绪低落下来时，当他重新冷静时，他往往会产生后悔之意。

在以下的内容里，我们就来详细看看专业推销员巩固推销成果，避免客户反悔的方法。

1. 祝贺和赞扬。

客户现在已经同意购买，但在很多情况下，他还是有点不放心，有些不安，甚至会有一点神经紧张。这是一个非常重要的时刻，对推销员来说，沉着应对非常重要。客户在等待，看接下来会发生什么情况，他在观察推销员，看他是否会兴高采烈，看自己的决策是否正确，看推销员是否会"卷起钱就走"。

现在，客户比以往任何时候都需要友好、温暖和真诚的抚慰，帮他度过这段难熬的时间。

成交之后，专业推销员应立即与客户握手，向他表示祝贺。记住，行动胜过言辞，握手是客户确认成交的表示。一旦客户握住了你伸出来的手，他要想再改变主意或退缩就不体面了。从心理上说，当客户握住你的手，那就表示他不愿反悔。

2. 填表。

说到填表，很多推销员是不称职的，由于误填、不准确和填不好，致使很多交易都没做成。这些推销员常常为了一桩买卖而拼命工作，但却由于不知道怎样填写合同而使到手的买卖又扔掉了。他们熟知合同，却又对它很陌生。

专业推销员应是合同专家，他能够在几秒钟内完成一份合同。专业推销员应当锻炼这方面的能力，直到闭上眼睛也能完成这项工作。

推销员在填写合同的时候，通常默不作声，他们把精力集中在合同上。这种沉默通常会引起客户的焦虑不安，他也许会对自己说："我现在应当做什么？"接着，所有的疑虑和恐惧又重新涌上心头。当出现这种情况时，推销员很可能还再要搭上半个小时，去挽回这笔买卖，但在多数情况下，这笔买卖是再也没有希望了。

专业推销员尽管已经知道了他需要填写的内容。但在填写时，仍然要求客户证实这些内容。专业推销员边写边与客户进行轻松的对话，目的是让这一程序平稳过渡，让客户对他的决定感到满意。专业推销员的填表动作自然流畅，他与客户的对话内容常常与产品毫无关系。专业推销员可能会谈及客户的工作、家庭或小孩，这些话题可以把客户的思绪从购物中解脱出来，表明专业推销员并不只是对客户的钱袋感兴趣。

3. 敲定买卖。

为了避免可能发生的退货现象，专业推销员应尽一切可能防止客户后悔。一旦合同填写完毕，得到同意（签字），就应当敲定这笔买卖，向客户表明他做出了正确选择。这会让客户感到他应当把这一过程进行到底。

4. 尽快让客户得到产品。

让客户尽早拿到货物，越早越好。不管你是在为客户提供一项服务，或是为客户送货，还是他来取货，或者你需要为他进行安装，都要尽早做完，越快越好。一旦客户拥有了这件产品，尝到了它的甜头，看到了它的功用，他就不会后悔了。

5. 给客户意外惊喜。

给客户一点意外的惊喜，一点锦上添花的东西。就像面包师给他的客户一打面包是13个而不是12个一样，这是一桩不会亏本的买卖。你的客户会感到他做了一笔好买卖，他会感激你的，换句话说，他会成为你的回头客。

6. 寻求连锁业务。

客户最兴奋的时刻是购物之后。因此，有理由说，这也是他最愿意推荐其他购买者的时候。你应当问你的客户是否认识其他对该产品感兴趣的人，问他们你是否可以利用这些关系。如果你有礼貌地提出请求，他们总会提供给你一两个名字。但如果他们不肯，不要一味坚持，换个时间再谈。

你应当趁客户的热情仍然存在时，在同一天或第二天拜访这些连锁客户。这样你的现有客户就感到有义务将这笔交易贯彻到底。毕竟，他不会在推荐其他人的同时，自己却反悔了，对吗？

7. 给他们寄一张便条或卡片。

很多客户在付款时，都会产生后悔之意。不管是一次付清，还是分期付款，总要犹豫一阵才肯掏钱。一个好办法就是，寄给客户一张便条、一封信或一张卡片，再次称赞和感谢他们。

第 **6** 章

售后服务三部曲：保持、善待、珍惜

所谓售后服务，就是在商品出售以后所提供的各种服务活动。无论多么好的商品，如果服务不完善，客人便无法得到真正的满足。甚至在服务方面有缺憾时，会引起客户的不满，以致丧失商品自身的价值。因此，从某种角度看来，售后服务比生产或销售更为重要。

从推销工作来看，售后服务本身同时也是一种促销手段。在追踪跟进阶段，推销人员要采取各种形式的配合步骤，通过售后服务来提高企业信誉，扩大产品的市场占有率，提高推销工作的效率与效益。

售后服务：无声的推销员

推销专家们认为，要推销更多的产品只有两条路可走：

（1）第一条是你的产品特别优异，有许多优越性并非其他同类产品可比；

（2）第二条路是以完善的售后服务来争取顾客的欢心。

的确，现代工商企业之间的竞争愈演愈烈，在市场经济条件下，不仅在产品质量、技术创新、价格成本上展开竞争，而且在服务方面也存在着激烈的竞争，谁的服务好，顾客评价满意，谁就能够争取更多的用户，从而在市场竞争中居于不败之地。从这里也很明显看出，第一条路并不是任何一个企业都可以办到的，而加强售后服务则是可以做到的。

著名的国际商用机器公司（IBM）就是突出的一例，其公关营销部经理本杰逊·罗斯认为得到订货是容易的，而销售之后的服务才是真正的较量。优良的售后服务成为国际商用机器公司在海内外成功的象征，该公司的广告非常明确地指出"IBM意味着最佳服务"。他们有一条过硬的服务项目，即公司保证在24小时内对任何一个顾客的意见和要求做出答复，凡是买了该公司产品的人，不管在世界上的哪一个地方，我们保证在48小时之内把更换零配件送到客户手里。他们的确说到做到，有时为了把一个价值只有50美元的零件送到边缘地区的用户那里，不惜动用一架直升机前往。

美国还有一位闻名遐迩的汽车推销大王乔伊·杰拉德说过："我的成功在于做了一件其他推销员都没有做的事，要知道真正的推销是在产品卖出之后，而不是在售出之前。"凡是购买过乔伊·杰拉德汽车的顾客们，决不会忘记乔伊，因为他每个季度都要给客户寄去一张祝贺各种节日的精美明信片，单从表面上看这是乔伊安排的推销策略，但他是真正的以用户为重，正如他在哈佛大学演讲时所说："当顾客要求保修时，我竭力使他满意；当用户有了抱怨时，我到他家中听取；当汽车有了毛病时，我要像医生一样感到痛苦、着急。"

现代推销活动，需要树立这样一种经营思想："卖货要像嫁姑娘。"作为一般的父母，把女儿辛勤培育成人，可一旦长大总要结婚嫁人。在女儿出嫁之后，父母也要随时关心她婚后的生活：教育她勤劳持家，孝敬长辈。

对推销企业和推销人员来说，也要把自己经手的商品看成是费尽心血养育成人的女儿，经常了解"顾客用后是否觉得满意""有没有发生故障和其他不便"，有时还亲自上门倾听用户的意见，迅速反馈给有关部门，作为改进产品的参考和依据。只有重视和加强售后服务，才能更好地进行市场推广，提高自己在客户心目中的知名度，为企业和产品招揽更多的"回头客"。

"保持"比"发掘"更重要

一位成功的推销员要能保住自己的客户，要时时刻刻记住保持住一个老客户要比去物色两个新客户要好得多。

也许你已经完成了整个推销程序，到了客户即将签署订货单的时候了。到了这个时候，这个客户可以说已经被你说服了。但是，在此仍然想提醒你的，就是一次真正的销售是永远不会真正结束的。当你获得一张签了字的订货单，这不过是表示你完成了推销的初步工作而已。从此以后，你公司中处理这笔交易的人员，不论是你自己，还是一位助理推销员，还是一位机械师，还要开始一个冗长的连续性的推销，他们需要的时间不会比你和这一客户谈生意时所需的时间少。只要你的货品质量稍微差一点，或者当时服务稍不周到，客户就可能会中止与你的交易。换句话说，推销并不是仅仅收到订货单就算了事，就可以不管你的客户与货品日后的情况了。要记住，在推销完毕之后，你所需发挥的工作精神，比在推销完毕之前还要多哩！

如果你认为这是矛盾的话，那么让我们提出一两件假定的事例来研究一下。比如说，现在有一位推销罐头食品的推销员，他是一家食品公司或其经纪人所雇用的，他现在去访问一些零售商。你常可以看到，一般人对于经纪人的推销员都看不起的，他们都认为这些"特殊的推销员"是些只会"收取订货单的人"。在许多场合，这种轻视还是说得过去的。

过去有许多推销员确实像机器人似的，每天出去时手中总是拿着一本订货簿，见了人总是用一句推销上的口头禅："钟先生，今天您要多少箱？"但是一位真正想"为客户而工作"的推销员却不是这样。他会认真地去分析这位钟先生和他商店的情况，他还会去研究其附近地区的情形，从而了解该地区一般家庭的经济状况。因为他知道，如果当地一般家庭只能买1.35元一瓶的汽水，那么向他推销1.45元一瓶的汽水是没有用的。此外，他还应进一步研究附近居民的籍贯及来源，如果其中上海人比较多，那么在这个地区销售上海风味的食品，就会适销对路。这个信息可向钟先生提出来，同时向他推销这些食品。

这位推销员还向钟先生及其店员讲解有关其产品的推销要点，比如，他会给他们指点如何才能使他们的店更能吸引客户。因此，他已成为一位真正为客户（钟先生）服务的推销员了。做了这样一位推销员，他自然会充分地体会到，除非他卖给钟先生的货品，钟先生能转卖出去，否则他所能收到的订货单是不会多的，只会一天一天地少下去。

这位"特殊的推销员"有时被误认为是一位"压力很大的人物"，因为他通常所贩卖的都是些大家不大需要的货品；但经过他一番讲解以后，大家却都会需要了。这不正是由于他对人的影响力特别大吗？但其影响力所以大的原因，却不仅仅是由于他推销时所做的工作，更重要的，是在于他在推销以后，能继续为客户服务。订货单固然已经签了，但这还不能说客户已完全决定买了，可能只决定了一半，也可能只决定了3/4。他们对于所签购的货物仍然可能产生怀疑，因为他们还没有完全认识到货品优点之所在。这时推销员就要不断地继续前往会晤，使他们能渐渐地全部了解。

经常访问客户

在向客户推销时，推销员首先就要研究他的需求，以获得充分的了解，而使他能够仍然购买。你该常记这一点，如果你想为他服务，那你就应当经常研究他经营、使用货品的方法与程序，以及他对于货品的需要。

如果你所推销的商品是一种消费品，如：纸、带、绳、卡片、墨水，或其他日用必须品，你的公司同时也是经办这些货品的，那么千万不要推销太多贵重的设备，比如数百元一件的，以致忽视了客户经常需要的其他货品。遇到类似情形时，你就需要和他静静地坐下来，慢慢地向他解释，给他指出这样一种事实：在他所在的那一地区，如果每年能在300个客户中找到200人各买两件这种10元一件的货品，那么他每年就可得到1400元的佣金。同时再给他指出：他若能在60天之内去拜访客户一次，那么这种"往返的麻烦"非但可以使客户购买这种货品，还可使客户向他购买所需要的一切；而且当客户感到要购买更多设备时，就会向他去买，而不会去向他的竞争者去买。只有到这时，他才会体会到这种意义的重大。因此，不可让那些可以使你赚得较多佣金的大货品，妨害了你对于一些自己推销的小货品的留意。

从上面的事例中，我们可以看出经常访问客户的重要。每个成功的推销员，对于其推销地区内每个客户的情况，都应保存有一份详尽的最近记录。他应该有一种自动稽查的办法，可以让自己知道在最近60天内尚没有前往访问某户。规定时间，制定表格，然后按时前往访问，这是推销成功的阶梯上重要的一段。

不论你去访问哪种客户，未来的，还是原有的，你都应该迅速而有效率。如果你与他约定在上午10时会晤，那就该在10时到达客户的会晤室。你应将你的资料加以妥当编排，这样，你就可以很快地向他提出你的意见与货品。总之，不要浪费客户的光阴，要讲究效率。

当人们闲谈购买汽车时，常常可以听到这样的话"我再也不要这种汽车了，它那制动器实在不太灵"。你一定会记住这句话，而且事实上，当你下次遇到有人谈论到汽车的构造及其优劣时，你还会把这句话传出去。但是这句话是怎样产生的呢？这也许是由于经销商在汽车离开其办事处以前，没有好好地加以检验；也许是由于那制动器不灵了一次，而被技术不好的机械工修理坏了。结果怎样呢？结果是这人和他们的朋友，以及他朋友的朋友以后再也不买这种汽车了。

你应该不断地设法增加你从每个客户身上所获得的交易数量。要达到这个目的，最妥善的方法，就是设法明了客户所喜欢采取的方法与程序，以及所需要的货品。你一定要不断地期待着，总有一天你是可以改变他的做法的。

很多推销员都认为成交是推销的终端，以为成交了就等于画了一个圆满的句号，就万事大吉了。其实不然，金牌推销员都不把成交看成是推销的终点站。

林雪鸿小姐是个苦干实干型的保险推销员，经常热诚地为客户做服务，但不在乎是否立即有回报。她这种精神今天终于有了收获，一位准客户保单到期后，向她买了一张更大的保单，年缴保费五十多万元。

这位客户是个生意人，很难看出他到底有多少钱，十年前买了一张保单，年缴保费才四万多元。他办旅行平安险时，总是嘴里抱怨："买旅行平安险是不够工钱的。"林雪鸿拜访之后，这位客户转而向林雪鸿买旅行平安险，林雪鸿只是热心地跑腿，没有任何不满之言。

从此，林雪鸿和他建立了很好的关系，而前一个推销员因为少了服务的机会，就慢慢疏远。

这个事例印证了一件事，客户的眼睛是雪亮的，推销员是否服务热诚，客户看在眼里，只是不说。时机一到，热诚的推销员就得到应有的回报。

有些推销员虽然也努力地在做服务，但是嘴里喜欢唠叨，把服务的苦劳都抵消了，得不偿失。

周到的服务可以减少双方的损失

销售前的奉承，不如销售后的周到服务，这是制造永久客户的不二法门。无论多么好的商品，如果服务不完善，客人便无法得到真正的满足，甚至在服务方面有缺陷时，会引起客户的不满，丧失商品自身的信誉。

许多公司称服务员为"处理机械修理工作的人员"。机械工与推销员为客户所作的每一次服务，都可以说是一种推销行为。

要记住，没有一样货品是十全十美的。当然，货品制造得愈好，其所需要的服务工作愈少；但是，如果需要服务的话，那么这种服务一定要是最好的。这种工作应该由受过训练的人员去担任，并应该利用你公司所制造的、所销售的，或所介绍的最好的零件与材料。

直接推销对使用者所产生的影响，与推销给经销商或批发所产生的影响是不同的。一位工厂工程师或一位办公室经理在为某项工作选择一种最优良的货品时，不论这是一部工厂中用的车床，还是一部办公室中用的机器，他都会花费几个星期的工夫去研究和选购。例如你也许已经卖出了一部高价的自动邮费机，这部机器已经装置好了，同时你已经完成了教导工作，使客户能够自行操作，而且将其所需要应用的货品如皮带、墨水等也都在第一次订货时给他完全购置了。从此以后，你一直就没有听到客户再向你提出过什么意见。

你大概以为一切都很完满了。真是这样吗？过了不久，客户用完了你买给他的墨水，你上次没有告诉该主管部门的首脑以及其手下的工作人员，这种特殊的墨水是一种经过多年研究实验的产物，其中没有任何能起化学作用的元素，可以伤害那一高价机器的铸型与印器。因此，当不明原由的客户不慎将一瓶红墨水倒入了那一机器中时，那机器立即停止工作了。于是他打电话给你公司的机械服务部门。该部门派去一位训练有素的技师，经检验，他立即发现了与故障无关，并婉转地向该办公室经理做了解释，终得将整个印器拆开，装上一卷新的墨水纸，洗涤了铸型，然后再在机器上擦了一些油。他在该客户的办公室中，就这样工作了四个小时。至于客户方面呢？也许耽误了他六个小时的工作（这里面应含有服务人员在旅程中所需的时间）。这该是多么大的损失！

这损失又应该由谁负担？假定你公司所索取的服务费每小时两元，工作四个小时，旅程中花费两小时，一共要十块钱。新零件又需要十元，还有零件搬运费七角五分。服务员将这张维修费为二十元七角五分的账单交给了客户，但结果引起了一场争吵。

推销员在装置其产品时就需要给客户以真正的服务，将一切情形告诉他。每个推销员都须有一种详细的记录，其中应表示出何时客户应该再行进货，不论其所应进的是产品本身，还是其所需的零星货品，都需详细载明。要时常强调你的货品所需要的不是别的东西，而是周到的服务，以及各种你自己制造的或介绍的精致零件与配合物品。推销上的服务工作与机械上的服务工作要密切配合，这些都是很重要的。

如果在当初推销的时候，或者在装置的时候，你能告诉你的客户，可以要求经常由工厂中一名训练有素的人员前往检查，同时又告诉他，该人员是可以通过签订"服务合同"而获得的，那么他就能保全他那名贵的机器而不致损坏，上述的那种意外也就不会发生了。那二十元七角五分究竟由谁负担的问题也不会发生了。同时你公司也就会有一个称心满意的客户，而不致有一个怨愤在心的客户了。

至于在推销给经销商或批发商时，那么你就是他们与公司之间的直接联系人。你一定要指示他们如何去处理服务性的事务；你一定要将一些特殊的服务问题向你公司提出；你一定要有充分的准备，以便于必要时亲自出马。你一定要成为一个你公司利益的保护者。

当你检查一下今天的访问时间表时，你也许会说："我今天不必再浪费时间去看××先生了——他在以后五年中不会再买我们的货品。"但是要记得，当初买你产品的李先生是一位忙人，他是不会消耗许多时间到他事业所在的地方，调查你卖给他的产品是否都正在发挥作用。也许那些地方人事有了变动，新人员不一定都能使用你那种设备。这时，如果你真正想为客户服务，那么你仍须前往访问，以便处理这一类的问题。虽然这种工作也许是相当繁重的，但要记住，你的竞争者是不会怕繁重的，他们仍会不断地前往访问，过了不久以后，他们也许已经说服了你的客户，使他相信他们的货品比你的好了。到了这个时候，那就只能怪你自己不是一位真正能为客户服务的人员了。

正确对待客户的牢骚

有时候，客户对你发牢骚，如果你能正确对待，这实在也是一种为客户而服务的工作。

只要你能切实把握时机，那么每当抱怨发生的时候，你可进而加以疏导，这对你是很有益的。所有不满事件的发生，并不都是客户的错误，他的不满可能完全是有理由的。在推销工作中有一句老话："客户总是对的。"这句话在这里也是适用的。如果客户不满的表示是对的，那么你就不要再强词夺理地去证明他是错的了。你应该自行改正错误，自行更换一些的确能对客户有所裨益的货品。

抱怨有时也常能转变成为一种促进友谊的方法，抱怨产生后，你要立即设法补救，要与工厂保持密切的联系，要让客户知道一切进展的情形。当货品寄出时，应立即以电话或以书信通知客户。他们是喜欢这种关切态度的，他们是不会忘记任何一个对他热心帮助的推销员的。

如果告诉你此后无须再吃闭门羹，这是不是件很奇妙的事？

想不想找出一个方式，可以将你的销售成功率由10%提高至50%？这里有个方法可达到上述的愿望，但很少有人使用这个方法。

为什么？因为他们对赚钱的兴趣远比帮助人来得高。

最终，你所获得的回馈和其他人由你这里所取的好处皆成正比。

关心、帮助你的客户

你帮助的人愈多，你赚得的钱也愈多。

那么，这个可以帮你筛选客户，并将销售成功率由10%提高至50%的大秘诀是什么呢？

照顾你的客户。

如果你不能令客户满意，一定有其他人可以令他满意。

你将你的产品或服务卖出去后，最好仍和客户保持联系，以确定他是否满意，因为如果客户有任何问题或有些地方不甚了解，甚或你不能回答这些问题或解决方法有误，那么，这名客户一定会另寻门路，而且，从此以后不再向你购买任何东西。

大多数的推销员都喜欢逞一时之快，当他们发现向客户说"日后有问题，他一定负责回收"就可以增加产品的价值时，不管日后做不做得到这一点，他们都会立即强调此服务特色。

有个人独自在沙漠上寻找水源，他渴得要命，突然，他发现远处一株仙人掌旁有个压水泵。

他走近一看，发现那里还有一瓶水，瓶上写着"危险警告"。当他走近压水泵，发现危险标示上面贴着一张纸，他拿过纸张来，仔细阅读："口渴的旅客，你必须要有信心，瓶里的水虽可暂时解除口渴，但因为下一个绿洲距此地将近一百英里，如果单靠这一点水，你一定会渴死。如果你肯将这些水倒入压水泵中，这些水会启动压水泵，使皮制的垫圈湿润，那么，这个压水泵就可以提供你既清凉又清洁的水。"

推销员若只是不断地在找寻立即的成就感，而不潜心修习一些他们所应做的事，终究会因口渴而死。这就是为何在大城市工作的推销员，都不断地在找寻新客户，但仍难逃渴死的噩运之原因。

有些推销员就像游牧民族一般，不断地在逐水草而居，开辟新领地，每天晚上都必须在不同的地点扎营。

很少有推销员注重售后服务，每当达到交易，他们就会说："谢谢你的光顾，使我赚进了一笔佣金，如果你还有什么需要，可以再打电话给我。"他们一拿到钱就脚底抹油，从此，客户再也听不到这名推销员的任何音讯，除非该推销员还想向这名客户推销其他的产品。

"嗨，乔伊，还记得我吗？我是推销员查理，我曾经卖给你一台很棒的洗衣机，不知道你现在是否需要再添置别的？"

这些推销员就像是暴风雪夜仍在荒郊野外的步行者，他来时的足迹已经全被冰雪掩盖，完全失去了目标，很明显他的前途堪忧。

当他在林中打转时，也看到了从未见过的美景，刚好有个倾斜的屋顶靠在地板上，而这正是他所需的避风港。

另外，还散置着一些干柴、火柴及煤油。

那个人脱下手套，才发现他的手已经冻僵了，他将双手放在冰冷的火炉上，并对火炉说道："如果你先让我的双手温暖，那么我的手指就会比较灵活，届时我就可以为你点燃火柴，让你也感到温暖。"你想此时会发生什么事？自然是他的手会愈来愈冰。

完成交易后，在三十天内打电话给你的客户，了解卖给客户的产品是否正常运作并回答客户所有的疑问看看他们是否需要帮助。

有很多推销员害怕打电话给客户，因为他们害怕听到客户的抱怨。相反如果客户不快乐，他们仍会向其他人抱怨，你认为客户向你抱怨好呢？还是向其他潜在客户抱怨好呢？

如果你是第一个听到他抱怨的人，你可有效地处理抱怨。此时，他们便不会再抱怨自己有多倒霉了，反而会向别人称赞你是一位顶尖的推销员，因为你是真心在帮助他们，而不是只想赚钱而已。

有几家信息公司曾进行过研究，结果指出那些抱怨获得处理的客户，比那些不抱怨的客户忠诚度更高。

你的客户可能是你持久的水源，记住努力去压水泵，你便会有无尽的水源可以帮你解渴，甚至可和其他人分享。打电话给他们，点燃他们心中的火花，并帮助他们，他们会到处向别人诉说你是多好的一位朋友及推销员来回报你。

与客户保持密切联系

保持定时打电话给客户问安的习惯，至少，每年你必须打一次电话给客户，审视他们的需求，看有何改变。

人们经常买新车、新音响、新衣服。随着家庭成员的增多及成长，他们可能会需要新的保险、新的投资策略及新家。

你甚至可以像牙医一样，送一份年度检核表给客户，建议他们应该购买什么必需品。

记住，你每打一次电话给客户，你就多一次获得新生意的机会，也多了一个获得推介名单的良机。

有两点在打电话给客户时，必须谨记在心：

（1）迅速回电。

（2）如果，你曾说过要在某一时间打电话给某人，一定要确认自己是否已经做到这点。

当人们心中有所预期，不要令他们失望。你知道这就像有人暗示你，在你生日时你将可以收到一份好礼物，但你却什么也没收到。让自己信守诺言，你的客户信赖你，给他们充分的理由继续相信你。

同时，记住要尊重客户的需求，你可以给他们一段说话的时间，如果他们说自己很忙，就问他们是否方便容后再拨，他们会感谢你的彬彬有礼，当你再拨电话给他们时，他们一定会特别注意你的谈话内容。

龙恩·尚尔自1960年起，即在卡纳维拉尔角担任测试员，他执行过很多发射任务，在1970年初期，该机构裁了很多人。尚尔想他应该可以帮助他们，所以，他开始找寻提供工作机会的方式，最后，他选择了快速冲印连锁业，并在佛罗里达开了第一家店。

在两周的训练课程后，龙恩将店交给他的太太乔琪亚管理，二十年后，他仍在执行发射任务，而店面在他太太的手中日渐茁壮。

乔琪亚从未曾管理过事业，她的工作一直都是照顾四个小孩及龙恩。

突然，她成为一家小冲印店的老板。"当我开始经营时，我并不知道应如何去经营一家企业。"她说，"但我懂得作为一个客户，最希望被对待的方式是什么，而我一向以此态度来对待我的客户。"

这意味着她必须经常熬夜，周末不休假，当客户有所抱怨，她就免费为他们重印，即使错不在她。逐渐地她学会了如何经营一家获利企业。

在20世纪末，其他人也开始经营快速数码冲印店，而这些新开的冲印店，大多是由一些自认为可以比家庭主妇表现得更好的人来经营，他们用低价来吸引乔琪亚的客户，但是多数的客户最后还是会回笼。"我们喜欢她对待我们的方式。"他们如此说道。

乔琪亚经常会突发奇想，想出一些对某个客户有益的方式，此时，她会立刻打电话给该客户，并告诉他，这些新构想并不一定与冲印有关。但这样做却可使乔琪亚与客户结成好朋友。

你还会怀疑为何龙恩和乔琪亚在当地的冲印店一直门庭若市吗？现在，这家店已交由他们的女儿接管，好让龙恩夫妇有更多的时间相处。

提供良好的客户服务，它会激励你、启发你，甚至让你获得更好的结局。

想想看，如果你的客户碰到你之后，生活过得更好，你的感觉一定会很好。

这里有个好方法：你可以每天打电话给那些满意的客户，这样做会激发你们和他们。

珍惜你的老客户

以保险业为例，你卖保险给客户，然后赚取佣金，现在，你再帮他们从中获得最大利益，不但可多获得一位好朋友，而这些客户从此也成了你的活动广告及最佳推销员，甚至是你最要好的朋友，这是建立个人推销网的绝佳方式。

你想吃闭门羹，还是喜欢打电话给满意的客户？

在你的心灵深处，要建立服务客户的欲望，为客户想遍所有的利益。你可以如此做：经常在心灵深处强调你的客户所需的利益，从满足客户中激励自己，如此，你就可保持保险推销巨星的良性循环，而这正是你想要的，不是吗？

这里有个你可以采用的公式，以这个态度来分配你日间拨电话的时间：

（1）1/3的时间拨给满意的客户，回答他们的问题，确认他们满意你的服务，并在客户处取得推荐名单，他们会使你满怀信心地进行下一个步骤。

（2）1/3的时间打电话给由满意客户所推荐的人，你不必像向陌生人推销一样来介绍自己，你的满意客户会带给他们信心，使他们信赖你，并想和你交易，从中获益。

（3）当你打完所有名单上的电话后，可以打电话给陌生人。

如果，你已经获得满意客户的激励，再吃到闭门羹就不会难过，而且在满意客户所推荐的朋友中，有大多数人都愿意与你交易，你不必抱着自己占用了别人时间的态度，你会发现你比同领域的其他推销员更能帮助客户。

推销员手中最重要的资料就是潜在客户的名单。任何干这行的人，都是靠每日在路上奔忙才取得这些名单的。对新手而言，找到潜在客户名单是最主要的困难之一。可以大胆地说，90%左右的新进推销员，并不了解潜在客户名单对他们的工作有多重要。

你最好在不提到客户名字的情况下约访潜在顾客。尔后在展示过程中，才"偶然"提到他们朋友的名字。通常在打破僵局后，说："对了，先生，有个人我想你一定认识，他曾用很亲密的口吻提到你的名字，他是我很好的客户。"这样小小的提示，会带来很大的帮助。

如果你能创造一个无尽的"人脉链"，就永远不愁约不到准客户。有个推销员就真的做到了。他一开始就有一份五十名顾客的名单。每做成一笔生意，一定会有一个名单加入其中。做完推销后，他总跟眼前的顾客说："先生，我很荣幸有你这位顾客，你是不是可以提供另一个名单给我呢？好朋友、亲人或同学都可以。只要有需要我服务的地方，我定会竭力完成。"用这样简单的请求，推销员拥有的名单就会不断增加！

推销员该不该跟做不成生意的人要相关人名单呢？有些人认为这样做不安全，因为被"提供"出来的这号人物，不免有可能会问："如果我的朋友都不跟你买东西，为什么我要跟你买？"

　　有些人则认为，就因为推销员花了不少时间在这类准客户身上，所以他们会觉得多少有些义务提供几个名单，这也是优秀的推销员碰到这种情况，绝不会迟疑开口要名单的原因。

　　如果你是再度拜访客户，建议你只能在第二次见面时要名单。这时候，顾客的心情较轻松，比较不会拒绝你的要求。

　　要求名单还得视产品状况而定。销售金融性或保险性产品时，想跟客户要朋友名单会比推销真空吸尘器、车子或百科全书时还需要手腕。客户可能会顾虑你会向他的家人或朋友暴露他的投资计划，会很不情愿。

　　光要求潜在顾客的名单还不够，最好是请问顾客是否愿意帮你，让你向他的亲人或朋友介绍产品。

　　一位客户就向推销员介绍过他的一个亲戚，但特别要求不要提到他的名字。其实这很容易处理。比如当推销员见到这样的客户时，总是这样说："你有一位好朋友建议我来见您。"

　　这位准客户可能会问："是谁介绍你来的？"

　　"只要您准许，我会花一点点时间跟您解释。"

　　做完展示后，你也要跟他问相关人名单，这时你可以说："刚刚您问我，谁让我来见您的，我已经答应不提到他的名字了！如果您给我相关人名单，我也会遵守这样的规矩，不提到您的大名，我想您能了解这个用心。"

　　另外有些人则是这么表示："先生，我不会向他提到是你给的消息，但我想你不会反对我提到我认识你吧！"

　　这是一种非常专业的推销方法，任何人对此都会印象深刻；没有人会再追问"消息来源"的问题，他们也会乐意告诉你其他的名单。你会拥有多得没有足够时间——拜访的准客户名单。

　　全世界的推销经验都证明，新生意的来源几乎全来自老顾客。几乎每一种类型的生意都是如此。假如买了一部新车，就会常觉得自己是"次"级代理商。因为你对新车的热情，你会跟邻居、朋友、相关的人不断提买车的事，结果成了车商的最佳发言人。

想想看，你的新客户快乐又骄傲于他的收获，他会很热切谈这件事甚至吹起牛来，他们就是你的最佳公关。

切记，再度拜访是很重要的步骤，即使不做售后服务，打一个友谊性的问候电话也可以。养成再度回去探望顾客的习惯，你会拥有无尽的"人脉链"！

第 7 章

向女性推销的艺术

世界上有两种钱最好赚：赚女人的钱和赚孩子的钱。

这两种好赚的钱，都放在一种人的荷包里，那就是女人。

所以，推销界最高级的推销课就是：如何向女性推销。

对待女性客户的基本法则

如果女客户信任你，她就能找到买你东西的理由；如果她不信任你，就会从防御的立场出发。

1.诚恳的态度对待女性客户。

一般认为，能够在店里圆满地应付女客户的店员，就算得可以独当一面了。可见，女客户比男客户更不容易应付。因为在决定购买商品之前，女性都会和店员你来我往，讨论很久。

首先，当店员推荐某一件商品时，女性客户会静静地听，然后就插嘴道："等等！"并挑出说明中某些细节的缺点。例如："这盏台灯你说是20瓦，但是标签上怎么是25瓦？"

没有经验的店员，就会因为这些都是芝麻小事，而不太理会，继续说明其他部分。这时候，女客户就会认为：这个店员没诚意，虽然商品还不错，可是，我不想买了。

女性这类的挑剔，并不是经过理性的思考，而都是感情上的反应，同时，也有想要试探店员的企图。因此，如果对方不能做圆满解释的话，他们就会产生反感，不愿再听下去。

不仅是商品的买卖，就是平常的处事也一样，当女性指责对方谈话中的缺点时，也是存心试探对方的诚意而做的举动，就像拳赛时频频跳跃，以试探对方的出手。

要诚心诚意地立刻承认女性的指责。也就是不但要立刻承认，而且要明确地承认对方的想法，让对方占优势才好。因为这样可以避免感情上的反弹，让对方产生好感，以后比较好说话。

对女性来说，男方的态度从头到尾都不变，是让她安心的基本原则；同时，对于无论任何细节，都能够以诚恳的态度来应付的男性，更能完全抹掉女性心中不安的感觉。

2. 引用权威的意见。

大部分女性在怀孕、哺乳期间，都会看一些有关育儿方面的书籍。她们看这些书，与其说是希望学得更科学的育儿方法，不如说是希望借育儿专家的话来安定自己忐忑不安的心。

市面上许多育儿书，都是用《舒尔伯格博士育儿方法大全》或《托马斯博士育儿百科全书》之类的书名来强调书的权威性。看了这些书后，女性便时常以"舒尔伯格博士这么说"的想法来安慰自己，而且还极可能要在女伴面前吹嘘自己对这些权威言论的了解范围是多么广，理解又是多么深。

形式逻辑上，把"忽视正确或谬误，只用诉诸权威的方法来指责别人谬误"的论点，称作"诉诸权威的谬误"。

不过，使用这种方法去说服那些对事物似乎只是一知半解的女性，效果却是异常地好。在过去很长的一个历史时期，女性很少有机会接触权威；到了现在男女平等的时代，她们对"权威"也就特别敏感，以致动不动就借权威的名义掩饰自己的不足。

特别是那些虚荣心强的女性，一旦自己与别人的看法不相同时，即使她们的意见是正确的，她们也会缺乏自信心并且感到有失面子，于是往往只好搬出权威的言论来支持自己的观点。

一些经验丰富的推销员，也很善于利用这一点来向女性客户推销商品。比方说推销儿童读物或儿童唱片，他们会在说明具体内容之前，先拿出罗列有许多名教授和儿童心理学家推荐意见的宣传品，女性常被这些权威意见震慑住，于是买下所推销的商品。

用这种方法去说服女性，最好是搬出那些较有名气的，为女性所熟知的权威人士。如果女性觉得"我从来没听说过这个人"的话，效果就会减半。不过，尽管"我从来没听说过这个人"，只要这个人的权威性头衔足够多，社会地位足够高，就足以成为影响女性的一个因素。

3. 把特别的耐心献给特别的她。

客户的性格、爱好显然各不相同，但异中有同，同中有异。就男女而言，一般来说，男的买东西时往往比较粗心，女的则比较细心。

针对这种情况，营业员接待女客户时，更要耐心一些。这样双方结合起来，以长补短，多加关注，买卖才能做成。

一般男客户买东西的目标比较明确，易于做出买或不买的决定，不大爱挑来挑去，比较相信营业员。这些都是成交的有利因素，营业员在这种情况下，责任不是轻了，而是重了。因为如果不细心帮助客户挑选，东西买回去后就可能因为不合适而使客户失望，造成不良影响，甚至上门退货或者调换货物，带来许多麻烦。

女客户一般都比较细心：

（1）观察得仔细，买一件东西往往反复几次，拿不定主意，而且特别注意观察别的客户是否买，效仿性较强；

（2）挑选得特别细，一件东西往往要反复挑选、互相比较，不厌其烦；

（3）询问得特别细，产地、性能、价格、质量无所不问，而且特别注意别人试用的情况。

针对这些，营业员要特别耐心，而且要针对性地接待。如多介绍别人试用后的反映，卖得快不快，价格高不高，挑选时要多拿商品，让其充分选择，不要催促；对商品的性能特点，保管时应注意事项，要反复叮咛。总之要特别耐心细致，切不可有烦躁的表现。

不要对女性使用艰难的说明

大多数的女性比较感性，对于理性的思考方式则比较弱，所以想要说服女性的时候，绝对要避免需要深思或学术性较强的言辞和说明，最好能单纯明快地突破谈话的核心。

例如在推销化妆品时，推销员没有必要大费唇舌地说"这种化妆品可以滋润肌肤，使你永葆年轻，而且可以消除小皱纹"，只要说某位女演员也用这种化妆品即可。

赞美女性时只要说"你像白雪公主一样美"，就可以让对方高兴得眉开眼笑了，但是这类的赞美词如果用在男性上，一定会惹得对方怒目而视。

这是女性心理的特色，如果推销员不了解的话，即使有再多的技巧，也很难说服女顾客。

而且，推销员绝对要避免对女顾客说"你的看法是错误的"，因为女性不喜欢别人反对她们的意见。所以，即使发现客人有一点点不对的地方，也不要正面指出来，推销员应该婉转地说："小姐你说得没错，我的意思也是如此，像你这样不是本行的人了解到这个程度已经不容易了。"对客人的意见加以认同。

如果推销员实在无法苟同客人的意见，一定要和客人发生争论的话，必须注意就事论事，绝对不可以进行人身攻击。

缺乏决断力的客人最令推销员感到头痛，以性别来看，女性在这方面的倾向比男性还要强。

即使眼前有一件令人看了爱不释手的商品，女性往往要考虑很久才能决定是不是要买。这种现象在百货公司里就可以明显地比较出来，女性花在挑选上的时间一定比男性要长。

但是推销员的立场不同，如果女性客人无法快速地做决断时，也不可以急躁地要求结论，应该耐心地等着客人慢慢考虑。但却不可以一直坐待客人的反应，视情况而定，要说一些催促客人下决心的话，这样的工作看起来简单，做起来并不容易。

不只是女性的客人，任何一个人在需要做决定的时候，总会无意识地要求一些意见，至少也要有人来了解他的心理负担。推销员就是扮演女性客人助言者的最佳人选。

催促客人做决定的言辞一定要是肯定句语气，例如："怎么样？你不能做决定吗？这样的价格已经算是非常便宜了。"

或者说："这件物品是市面销售最好的，你懂得选这个表示你很有眼光。"

缺乏决断力的意思也就是对产品缺乏信心，所以推销员所表现出来的态度，一定要信心十足的样子。

当客户在决定之前彷徨犹豫的话，推销员应该和客户站在同一立场上，设身处地为客户着想，这是向女性顾客推销产品的重要技巧。

忍受女性客户的怨言

即使是再老练的推销员，在介绍产品时一定要小心翼翼，绝对不能故意去招惹顾客。但是，有的女性顾客脾气很暴躁，动不动就发火，遇到这样的客人，老练的推销员也无法应付。

如果等事态已经发生，再来找补救的方法，那一切就太迟了。问题是遇到歇斯底里的顾客时，推销员应该如何来处理。

有些人是天生脾气就特别焦躁，有些人则是因为日常生活中受到太多的压抑，必须靠发怒的行为来发泄。现代人以后者的情形较为多见，但是前者为数也不少。

最明显的是本来就非常任性的人，只要遇到不如意的事情，就会大发脾气。

因此，推销时应该特别注意，一定要顺着客户的意思，否则惹得对方发火了，不但生意做不成，自己心里也不快。为了不使这种不快的场面发生，应该注意以下四点：

（1）相同的一件事情不要重复问太多次。对脾气焦躁的人而言，不喜欢别人这样啰唆，对方所说的话应该仔细记牢，谈话的内容尽可能不要重复。

（2）不要批评当事人非常重视的东西。例如，突然从椅子下面钻出一只小猫时，推销员不可以露出不悦的神情，因为它可能是客户的宠物。

（3）曾经被叱骂过的话不可以再重复。这和第一点非常相似，都是必须特别注意的事项。

（4）不要太过夸赞客户的朋友。如果说："您太太的朋友某小姐，待人实在非常亲切！"对方会以为自己是个待人不友善的人呢！

如果遇到脾气真的非常不好的人，要生气时还是照样会生气的，推销员也只好等顾客把脾气发完，有时候顾客发完脾气之后，商谈却意外地进行得非常顺利。

每一个人在一天之中，都会有心情比较好或心情比较恶劣的时段，访问的时间最好也能和情绪的周期相配合。可能的话，尽可能选择先生在家的时间前往拜访，至少女顾客不会像往常一样大发雷霆。

利用女性的特点进行推销

任何人都会有一个时期特别喜欢幻想，而女性做梦的年龄却特别地长，不管是少女时代、结了婚、生了小孩甚至人过中年，都还是活在幻想里。大概是因为女性的感觉比较敏锐，而男性比较理性。

介绍产品时不能只注重机能性或重要性，这是吸引女性购买欲不可欠缺的条件。

以下介绍一个向女性推销汽车成功的例子："太太！这辆汽车的流线造型非常棒！所有的设计都统一为红色，一定可以令你满意；而且这一型的车子国外厂方只做一百辆，你绝对不会在街上发现相同的一辆车子，坐在车子里面仿佛沉浸在阿拉伯王侯贵族的气氛中。"

这么富有罗曼蒂克的推销词对男性而言，一定会认为这是蠢话，但是对女性却可以发挥意外的效果。

在推销之中最困难的是寿险，如果推销员一开始就说："你丈夫万一哪一天发生意外……"或者"如果得了某某病之后……"这种令人冒冷汗的话，很容易遭到对方的拒绝。

虽然这是相当实际的问题，但是女性顾客大多不愿意谈及，所以推销员不如说："保险期满之后，你领回的利息足够让你和先生环游世界一周！"这是女性顾客比较感兴趣的话题。

女性往往习惯到非现实的世界里去寻找现在自己所无法满足的希望，推销员只要将话说得好听，不必去管到底合不合理。

近年来女性有越来越讲究实际的倾向，最好是能在谈话中先试探看看对方到底是属于哪一类的人。

每一个人都具有自己认为优越的部分，同时也有自己觉得低劣的部分，尤其是女性，对于别人提及后者时总是特别敏感。

以女性为对象的推销员在这方面也得特别敏感，而且必须不断地注意客人表情上微妙的变化。

如果在谈话当中，对方突然沉默了起来，或者感到对方好像一直想要改变话题，推销员必须立刻停止这个话题，因为这可能触发了客户的自卑感。推销员要找出女性具有优越感的地方，加以强烈的刺激，让客户在商谈中获得优越感的满足。倘若非触及对方有自卑感的部分不可时，应该要非常用心，装作毫不在意地谈下去。

男人喜欢尽可能将自己的事情保密，认为如果让人完全了解，是对自己非常不利的。但是女性则大不相同，她们很容易以自己作为聊天的话题，即使是对从未谋面的推销员，她们也不会顾忌。

顾客在谈她自己的事情时，有一些有趣的话题，也有令人觉得枯燥乏味的话题，不论顾客谈什么，推销员都必须装出一副很感兴趣的样子。

通常当顾客拿自己的事情出来谈时，对象大多是女性推销员，但也有男性推销员，这样的顾客大多是非常需要别人同情或认同的。

当顾客对推销员谈及自己切身的事情时，不论顾客自己的情况如何，至少她对推销员有一定程度的信赖，如果善加利用的话，对推销活动助益很大。与顾客有切身关系的话题，不论内容如何，都应该表示兴趣和关心，一定要认真地听。即使对谈的是一些毫无意义的废话，只是在浪费时间，推销员也不可以改变话题或性急地想要催促签约，而辜负了客户对你的信赖，这是推销活动中最令人反感的举动。

但是还有一些女性聊起天来漫无边际，不知节制，等到说得差不多，该进入正题时，对方却说："啊！已经三点了，我得到幼稚园去接我的小孩了。"说完就立刻离席而去。

当女性顾客开始谈起与自己切身相关的话题时，就是推销的大好时机，但是别辛辛苦苦谈了半天，结果还是让客户溜掉就不好了。

即使是男性，随着年龄的增加，对宗教的信仰也会越来越虔诚，而女性就更不用说了，原本女性就对宗教怀着非常崇高的信仰。这也是因为女性容易受神秘性所吸引的原因。

以女性客人为对象的推销员而言，找出客人的信仰，依据对方的宗教，使用合适的推销方式，虽然很危险，但也是成功的诀窍。不论客人信仰任何宗教，绝对不能随意去批评别的宗教，因为这样百害而无一利。

原则上最好是尽可能避免谈及与信仰有关的话题。如果在谈及祈求考试及格、交通安全、全家平安时，顺便谈一谈信仰的问题，也可以制造一个良好的推销机会。

对没有任何通知就登门造访的不速之客抱有警戒心，这是非常自然的反应，没有什么值得大惊小怪的。但是推销员有必要去消除客户的不安。

首先，一定要给对方留下良好的第一印象，包括礼仪、服装以及态度上的突破。可是，仅仅这些是不够的，还必须有足够吸引对方的话题。

在这个时候，谈话的方式往往比谈话的内容来得重要，尤其是和女性顾客交谈时，尽可能使用恭敬的语气。当然这也必须视情况而定，遇到讲话粗俗的顾客时，推销员如果太文雅，两个人也会觉得格格不入。

不只商品应该具有特征，推销员与顾客的谈话也必须有特征，而且女性顾客通常比较重视谈话的方式。

出售梦想与喜悦

近几年来，女性逐渐走出家庭，投身到广大的社会中。即使如此，依然缺乏社会人应有的决断力。这是由于老式教育不允许女性自作主张，以致养成凡事都由双亲做主的习惯；此外，女性本身是善变的，许多决定会随心情一再改变，而导致梦与计划都难以实现。

所以女性身边一定要有人一边鼓励她们，一边帮助她们。这个人最好是她的先生或恋人，可惜这些人多半是大男人主义，对协助女性一事均抱以不屑一顾的态度。

既然求助无门，不妨由推销员来担任鼓励者的角色，我们称这种行为是"参与推销"，参与推销是推销的精髓所在。

S先生（40岁）现任T保险公司的推销经理。虽擢升为经理，却并不影响他活跃于推销第一线。

大约四年前，S先生向某私立大学著名教授的儿子（高一）拉教育保险。教授夫人原本是一位极重视教育的人，但不管如何激励她，她对保险仍兴致不大。有一次，好胜的太太无意间透露："我那个儿子，一点都不像父亲，反倒像我，头脑不灵光。他父亲也说，这孩子不聪明，无法当学者或专家。"

S先生听了，甚表惊讶地说："父母是父母，孩子是孩子，你们随便认定孩子的将来是不对的，父母不能只凭感觉就为孩子定位。"然后诚恳地数落对方。不多久，这位教授夫人开始计算起孩子的成绩，并为其作归纳分析。S先生见状，又如是说："你们认为他是上文学院的料，但说不定他会受周围影响而念医学院呢！"

之后，S先生就不断地提供意见给教授夫人"如果上医学院，至少要花300万元"或者"进大学前，也许您会为他筹备1万元的住宿费，结果因为太高兴了，却让他住2万元的小套房"或者"等开学以后，就有一大笔学费要付，还有其他琐碎的开销……"

S先生就是以这种方式，不断扩大母亲的梦想，于是她又恢复了往常重视教育的态度。一个月后，买下了S先生建议的"五年满期保险"。当母亲做好一切准备时，心情也开始变好，鼓励孩子念医学院的行动也逐日展开。

也许是那位小孩原来就有实力，经过母亲的鼓励，果真考取九州国立N医学院的医科。其实教授夫人一直期盼青出于蓝，总希望孩子能够上医学院，以证明他的能力不输给父亲。

S先生看出教授夫人的心意，所以不断鼓励她，使她获得勇气。S先生不仅使用语言，还利用参加保险的方式，使形势扭转。考试时，教授夫人甚至陪孩子去应试，充分表现母亲心底里的最大梦想。这位母亲自始至终都想圆此梦想，而S先生则在参与推销中，助了她一臂之力，使她万分感激。

既然从事的是"推销"，不妨顺便把幸福与喜悦推销给客户。

跳入对方的心中

相信从经验中，大家都了解到一件事：每访问10位女性，就会遇到一个令人不敢领教的女人。这种女性不是虚荣心强、傲慢，就是有些歇斯底里的倾向，虽然个性都不一样，却总是不受周围朋友的欢迎。

不过，这一类型的女性用起钱来，却出乎意料地大方，因此是推销员最好下手的目标。倘若因为不愉快而放弃与她接触的机会，将造成工作上最大的遗憾。

P化妆品公司的M小姐（41岁）是该公司连续十年独占鳌头的推销高手。

据说M小姐一天要喝八次咖啡，而且经常会上咖啡店小坐一会儿。因为那儿经常挤满了各行各业的推销员，彼此可以介绍客户或者交换情报。于是M小姐就违反公司的规定，在咖啡店里大大地"偷懒"（请注意！她并非单纯地在咖啡店磨蹭时间）。

有一天，她从这些推销员口中，得知某位太太醉心于某种新兴宗教，以致和邻居、朋友均相处不来。于是M小姐立刻前往了解，果然看到对方正在佛坛前面念经。那位太太甚至没有寒暄，就对M小姐谈论起宗教话题，每次的气氛都显得十分凝重。尤其那位太太一脸苍白，鬼气森森，令人有些胆怯。

推销时，宗教话题本是一种禁忌，绝不能随便肯定或否定。虽然M小姐一直想改变话题，但苦无改变机会。所以只好顺着话题问她："不知你信教的动机是什么？"

没想到那位太太突然像发疯似的，一把鼻涕、一把眼泪地说："事实上，我的先生酒品不佳，又神经衰弱。每当工作不顺利时，就对我拳打脚踢，使我生不如死……"对于这种状况，M小姐甚表同情，于是眼泪也禁不住流下来，与那位太太一同抱头痛哭。

那位太太谈论宗教问题，本意并非真的传教，而是希望有人为她分担痛苦，听她说一些心底话。结果M小姐这一哭，把两人之间的距离拉近了，当天那位太太就买下了最高级的化妆品，作为对M小姐的答谢。

推销员是人，客户也是人。与商店不同的是，访问推销能走进客户的生活，而商店不能。

在机构化的推销过程中，往往看不到隐藏在人背后的人性，唯有跳入对方的心里才能把高额的产品卖出去。这是M汽车公司K先生（31岁）的经验谈。

某日，他前往一家小工厂，推销营业用的小货车，结果出来招呼的是老板娘。谈话间，老板娘不时展示她手上的钻戒，摆出一副十分瞧不起人的样子，弄得他心里老大不舒服。但他仍然忍气吞声，一次又一次地安慰自己："工厂虽然小，但生意不错，应有高额成交的机会。"然后又再度上门访问。谈生意时，老板从不露面，每次都是由太太应付，所以一直毫无进展。于是K先生下定决心，只再争取一次机会，如果还不答应，就干脆放弃。

那天，依然是那位目中无人的老板娘上前搭话，甚至还变本加厉地对他说："这个戒指花了80万买的呢！像你这种人，是绝对买不起的。"K先生心里实在气坏了，但仍按捺住怒气问太太："真漂亮的戒指，是什么时候买的啊？"

"两年前我先生买给我的。这背后有一段小插曲：我们工厂原本有六位操作员，两年前，突然一半提出辞职不干了。不管先生如何挽留，都无人肯接受。工厂面临瓦解的命运。"太太如此追述道。

"一定很辛苦吧！然后呢？"

被K先生这么一鼓励，太太又津津乐道起来："那时，我凭着三寸不烂之舌把他们一一说服了，工厂的危机顿时统统化解。由于我力挽狂澜，先生就买下这个戒指作为犒赏。"

K先生这才了解，原来老板娘傲慢，是想让别人知道她曾为公司立下汗马功劳，而不是在于这价值80万的戒指。如果能掌握对方的心理，销售就不是难事，一个月后，那位太太大方地买了两部小货车。

世界上并没有一出生就令人讨厌的女性，后来之所以被人讨厌，背后一定有某种原因。这点，推销员有必要去了解。

对女性说些与众不同的赞美词

大部分的女性从落地开始，就处于被评价、被选择的立场，所以她们很在乎别人的看法，希望能被大家所认同、接受。

我们经常发现某些女性，只要受到一点赞美，就乐得手舞足蹈，这种心情恐怕男士很难体会，其实那就是在男性社会下的一种后遗症。

对于这种后遗症，推销员不必以社会学家的眼光来批判它，倒不如把它视为推销时的一项优势，善加利用即可。

不过，不能为了讨好女性，就不加选择地随意赞美，这样只会让女性感觉轻浮。因此，推销员有必要整理一套恭维话，视情况需要再加以提出，如此才能得到一针见血的效果。以下列举一些与众不同的赞美词，供大家参考。

如果告诉对方"你长得真漂亮"，确实能够打动对方的心。但遇到真正的美女时，这一套就不怎么管用了。倘若对象是家庭主妇，很可能还会招来讽刺："先生，你可真会说笑话哪！"

有一句话倒是人人都可接受的，而且不管丑女、美女，效果一样显著。那就是："你长得真像××女明星。"只要此话一出口，对方立刻展开笑颜，绝无例外。

即使对方长得并非很像明星，但只要脸形、体形、声音、气质、发型略为雷同，就可以提出这句赞美词。如果真想不出像哪位女明星，就只好笼统地说"小姐气质真好"或者"很有个性""很有学问"一类的恭维话了。

假如你是从事化妆品、保养品的推销，更应举出具体实例来赞美对方，比如肤色白、发质亮丽、身材苗条等等，相信可以收到不错的效果。

对母亲而言，小孩是她生命中最大的希望。因此遇到已为人母的客户，不妨多多赞美她的小孩。如果小孩性别不明时，就问道："是不是女孩？"若想知道年龄，不妨预估高一点比较有利。

不过，赞美小孩时，不可表现漫不经心的样子，这样只会招来反效果，应该在说出"这孩子真可爱"的同时，摸摸孩子的脸，或蹲下来与他（或她）讲两句话，表现出疼爱小孩的模样。如果对方是婴儿，不妨扮鬼脸逗逗他，惹他开心，如此，母亲才会乐在心底。

以感动的心情来听女性客户说话

有人说："耳背的推销员，成功率不高。"其实就是在提醒推销员，一定要全神贯注地听客户讲话。只要用心倾听，就会被认为感同身受，心房自然会打开，当然也就能进一步商谈了。当对方为女性客户时，推销员最好以女性关心的事项为话题，发动强烈的攻势。女性不同于男性，不喜欢谈政治、经济方面的事，她们只对周遭的琐事感兴趣，例如编织、家人、恋人、烹饪、花艺、茶艺……竟是一些男性不感兴趣也不懂的东西。但推销员不能因自己不了解，就自顾自地谈论别的话题，如此只会遭女性客户的厌恶。

正因为自己不了解，不妨向对方请教这方面的事，绝对能让对方高兴起来。毕竟女性也有表现欲，希望能够一展所长，不是吗？

不过，为防女性滔滔不绝地说，推销员有必要控制场面，把对方感兴趣的话题定为"三"，推销方面的话题定为"一"，然后以三比一的比例互相交谈。这是自然食品公司H先生的经验之谈。虽然自然食品已风行好长一段时间，但一般家庭对此产品仍认识不清，都不敢贸然购买这种产品，使得H先生的业绩始终不见好转。

一天，H先生还是一如往常，把芦荟精的功能、效用告诉访问对象，对方也同样表示没有多大兴趣。正当自己嘀咕"今天又无功而返了"，准备向对方告辞时，突然看到鞋柜上摆着一盆美丽的盆栽，上面种着紫色的植物。H先生于是请教对方说："好漂亮的盆栽啊！平常似乎很少见到。"

"确实很罕见。这种植物叫嘉德里亚，属于兰花的一种。它的美，在于那种优雅的风情。"

"的确如此。会不会很贵呢？"

"很昂贵。这盆盆栽就要八百元呢！"

"什么？八百元……"

H先生心里想："芦荟精也是八百元，大概有希望成交。"于是慢慢把话题转入重点："每天都要浇水吗？"

"是的，每天都得细心养育。"

"那么，这盆花也算是家中的一分子喽？"

这一句话果然发挥了效用，立刻让对方觉得H先生真是有心人，于是开始倾囊传授所有关于兰花的学问，而H先生也聚精会神在听讲。

中途告一段落，H先生就把刚才心里所想的事情提了出来："太太，今天就当作买一盆兰花把自然食品买下来吧！"

结果太太竟爽快地答应下来。她一边打开钱包，一边还如此说道："即使我丈夫，也不愿听我嘀嘀咕咕讲这么多，而你却愿意听我说，甚至能够理解我这番话。希望改天再来听我谈兰花，好吗？"

这一天，H先生算是大开眼界了。

"推销并非只是卖商品，还同时在推销自己的为人。"这是H先生事后所说的话，希望各位也能有所体会。

用温柔感动女性：

"啊！流了那么多的血，一定很痛吧！他的家人也真可怜。"

"如果公司及早回答，就不会发生这样的事情。大体而言，公司都只是会利用人……"

这段对话是电视连续剧中，一对男女对事故所发表的感想。男性拼命在追究原因，强调所谓的社会正义，女性则对此深表同情，甚至忍不住抹一把同情之泪。

男女的思考模式、言语表达原本不同，前者较为理性，显得冷酷；后者较为感性，易流于情绪化。多数的女性对任何芝麻小事都会觉得感动，所以推销员不妨略尽绵薄之力，让女性感激，相信这对成交会有很大的帮助。

T先生（33岁）是一位以中小企业老板和商店主人为目标的N证券营业员。当他心血来潮时，便喜欢往住宅区里面跑推销。

有一天，他访问到一位独居的老太太，外表看来顽固却又显得坚强。T先生打算以养老为理由说服她购买股票或债券，所以每当访问完其他客户后，他总会绕到她家，如果她不在，就把股市情报或问候卡投入信箱中，留待她回家再看。

经过一段时间，T先生已成为受感激的对象，老太太会请他进屋喝杯茶，或者和他谈些投资的事项。然而不幸的是，老太太突然死了，T先生生意泡汤，但仍着装前往参加葬礼。当他抵达会场时，发现竞争对手D证券竟也送来两只花篮，他直觉得纳闷："究竟是怎么一回事？"

一个月后，那位老太太的女儿到T先生服务的公司拜访他。她说，她就是D证券某分支单位的经理夫人。她告诉T先生："我在整理母亲遗物时，发现有几张您的名片，上面还有一些十分关怀的话，我母亲很小心地保存着。而且，我以前也曾听母亲谈起过您，仿佛与您聊天是生活的快事，因此今天特地前来向您致谢，感谢您曾如此鼓励我的母亲。"

夫人深深鞠躬，眼角还噙着泪水，又说："为了答谢您的好意，我瞒着丈夫向您购买贵公司的债券……"然后拿出40万现金，请求签约。对于这种突如其来的举动，T先生大为惊讶，一时之间，无言以对。

这个例子有如神话一般，却是发生在推销界千真万确的事情，只是来得太意外，有点"若非一番寒彻骨，哪得梅花扑鼻香"的刺激感。

不可否认，T先生关心年长者的态度是可取的，他希望老年人能靠储金愉快地享受余生，也愿意与他们讨论这方面的事情。这等于是带着"参与推销"的心情去拜访他们的。那位女儿为之感动的正是这一点。倘若今天换成是儿子，即使能理解T先生的好意，但基于敌对立场恐怕还是不会买下该公司的债券。女性往往不受社会或组织规章拘束，只会凭感情决定买或不买。

总之，要到处为客户播撒幸福的种子，你的好运才会跟着来到。

营造挡不住的气氛

几年前的春天，盛寿司的盘子大为畅销。这是因为儿童节为招待儿女的朋友举办家庭聚会，妈妈们大量购买的结果。

总之，近几年来，家庭主妇愈来愈喜欢这种家庭聚会，三天两头就把亲友邀来家里坐坐，不是奉茶点、聊聊天，就是办一场热热闹闹的家庭舞会。

女性既然如此喜欢家庭聚会，推销员就不能视若无睹，应善加利用这种场合，一展身手才是。

有些公司本身就会举办家庭鸡尾酒会招揽客户上门，其中最有名的就是制造密闭容器的T公司，以及销售化妆保养品的E公司。

家庭聚会不一定要有一定规模，只要三五人聚在一起，推销员一样可单枪匹马获得成功。

一位母亲过七十岁生日时，她打电话给五位儿媳妇说："×日，布庄的人会带非常好的布料来咱们家，希望你们当天都能回来。"也许大家都顾及婆婆的颜面，当天五位媳妇果然都回来了。另一方面，有四家连锁店的M布庄也派推销员A先生前来。

A先生在房间内摊开毛毯，把所带来的衣服布料一一铺在地上，刹那间，客厅成了五彩缤纷的展示场，大伙儿的情绪都被这些色泽鲜丽的衣料调动起来。六个女人开始抢着说话："这件适合嫂嫂。""那件太华丽了。""A先生，这是手绘的丝绸吗？""哇！大岛丝，真是高级。"一家人吵闹喧嚷起来，心情变得更加愉快，于是向A先生买下一大堆布料。虽然家中并不是很需要，却没有人挡得住当时的气氛。

据A先生事后表示，以前M布庄是采取店售与展示贩卖，但业绩始终维持赤字。于是改变营业方针，由年轻男子出外推销，进行挨家挨户访问。起初，A先生还不习惯这种卖法，只在门口拿出布料，供客户挑选，但成交率还是不高。有一次，他的姐姐正准备嫁妆，请来布庄伙计，在房里铺满布料。他看见当时的情景，突然有所感触："啊！原来生意就是要这么做的。"于是开始如法炮制，要求比较熟悉的客户为他寻找场所与客人，展开家庭式的聚会。结果业绩一飞冲天，成为M布庄的顶尖推销员。

其实A先生的这种做法不仅限于布料生意，其他行业的推销员一样可以利用这种方式突破业绩。信不信由你喽！

一网打尽女性客户

女性多半有一种特征，就是成群结队、一窝蜂地做某一件事情。这种特征尤其反映在女大学生身上，只要某一种时装流行，校园里放眼望去，都是那一类流行的款式。她们经常集体行动，也喜欢到处串门子，可是却推说是举办家庭舞会，或者借口说是地区性的活动。

在这一类的女性团体中，必定有所谓的"大姐"，也是她们的领导者，专门照顾或帮助她们。虽然没有经过特别的推选，这些女性就是爱听她的指示。凡是当"大姐"的人，通常都喜欢照顾别人，并且很讲义气。如果从事家庭访问，能说服这位"大姐"，相信其他伙伴也会一一跟进。

下面，就为各位举一例子，是关于K保险公司E先生的亲身经历。

E先生每天都会骑自行车挨家访问（摩托车速度太快，不方便打招呼，所以不使用）。当他了解附近的情况后，便向一位外表老实的妇人问道："你们这儿可有不好讨好的太太？"妇人不假思索地回答："是O小姐，她总不吃你们男人那一套。"从这句话中，E先生便可判定那地区的领导人就是O小姐。

一般被拥护成领导者的人，多半很讲义气，所以其他保险公司来争取保险，往往无法打动对方。所以E先生也没有要对方买保险的念头，只安排四天一次的访问活动，不断与对方联系。这种情况下，双方等于是在比耐心，最后是E先生成功地将自己的为人推销出去。

由于E先生不做强销，外表上完全不透露商业气。每次访问时，让客户看了觉得既无压力，又值得信赖。四五个月之后，这位"大姐"开口对E先生说："今天我没有钱。等××天发薪水的日子，你再来吧！"

一获此讯，E先生便立即展开下一步行动。他在当天访遍了该地区所有的家庭，通知他们："O小姐（领导者）在××日会向本保险公司投保。希望太太也一起加入吗？总之，我与小姐签约那天，也会来拜访您，请您一定要把现金与印章备妥。"

E先生与O小姐之间，已做好充分的沟通工作，所以其他人也很容易受到领导者的鼓励而跟进。结果那一天，当地不少人家均加入了购买保险的行列。

如果是以工作场所为推销目标，领导者是公司内的资深女职员，或年纪略长的女性，这两种人是推销员应讨好的对象。由于公司女同事的附和性高，较劲心态明显，所以当其中一位说"我买下了"，就会有其他人跟进"我也要"，这是职业妇女的基本特性。

利用视觉刺激进行推销

人类的五种感觉之中，以视觉印象最具备直接的影响力。尤其是女性，利用视觉性的效果，更有助于对产品的了解。因此，在推销过程中，应多利用印有彩色照片的目录或说明书。

例如，观光风景区的旅游简介，几乎每一个地方都有一片蔚蓝的海岸、辽阔的草原和一栋金碧辉煌的大饭店，颜色对比非常耀眼，看一眼就会令人向往。

在费用和日程表等复杂的琐事尚未计算出来之前，先强调现实的好处，这个方法非常吸引人。

在推销活动中，利用已印制妥当的说明书，即使是完全没有经验的推销员也能很快地吸引客户的注意。

寿险很容易让人和"死亡"联想在一起，所以推销员很难将寿险的意义表达清楚。首先，在推销过程中应该让客户确认目前幸福的生活。推销员事先准备好彩色的说明书，其中包括保险期满后全家环游世界的照片和吃年夜饭时全家团圆的光景。

"太太，你知道你目前所过的生活有多幸福吗？你想不想使你的生活更充实呢？如果需要的话，我愿意竭诚为你服务。"

先用这些话让客户放松心情之后，再拿出列有具体数字的目录，就比较不会遭到拒绝了。

"想要过充实又美满的生活，首先必须每天日积月累地努力。可是，我们无法预测明天会发生什么不幸，这一点会使我们的生活感到不安，所以我希望大家都能一起来加入这个保险。"

利用色彩鲜艳的彩色照片来介绍一般人都会排斥的人寿保险，最能发挥视觉上的效果。

利用女性做免费宣传

女性多半唠唠叨叨，喜欢东家长西家短的。即使如此，推销员也不能觉得无聊，否则吃亏的将是自己。

由于女人说话并没经过冷静的思考，所以很容易把别人的闲事说出来。这些闲事，往往是最重要的销售情报，推销员应仔细搜集。此外，当推销员有事想通知大家时，只要通过最长舌的三姑六婆传达，保证几天之内，所有的人都知道了。因此，推销员应善用这些"广播电台"，请她们为你做情报的搜集与传达。

"这是××银行所赠送的小礼物。明明定期存款金额与贵银行相同，他们却送我这样的东西。你们的服务应该比较好一点吧！"

这名主妇是以银行所赠的礼品和来访营业员做比较后，提出以上的抱怨之词。对于服务于K银行的S先生来说，这是最佳的销售情报，因为从她的言谈中，打听出她在别家银行的存期即将届满，而且也获悉她定期存款的金额。解约前的一个礼拜，S先生前往那位妇人家拜访，顺利地将存款金额完全吸收过来。

由此看来，从刺耳的道人长短中，找出有用的销售材料，是身为一名推销员的必要条件。S先生正懂得这番道理，所以能成为K银行的营业高手。

这也是一则发生在S先生身上的故事。由于S先生服务于当地银行，与地区的关系十分密切。据说，只要当地有婚丧喜庆，一定有号称"放手电台"的主妇前来通知他。如果某地区没有这一类的女性，S先生就会委托适合的主妇担任这一角色，而对方会乐于答应（千万不要委托男性，切记）。

就这样，S先生参加所有的喜庆大典，也到各个丧葬礼中去吊唁，结果女性之间都流传着一句话："S先生真是个大好人。"这句话也成为他日后成功的因素。

"你的车子保养得真好，开了几年啦？"

"五月才送厂维修过的。你来得正好，请帮忙评估一下它目前的价值是多少。"

这是汽车推销员U先生与某交易公司女性上班族的对话。虽然对那位小姐并非很熟悉，却因随意的招呼，意外地获得一名有力的准客户。

推销员绝不能害怕开口，只要开口与女性说几句话，她们就会一股脑儿地把事情说出来。而且她们还会一传十，十传百，帮你做免费的宣传。试问，你何乐而不为呢？

如何向阔太太推销

具有强大购买能力的阔太太，是每位推销员最想攻下的对象。因为普通推销员很难接近她们，竞争对手顿时减少许多，所以推销成功的可能性反而相当大。

但若因此而随意进攻，只是自毁前程罢了。虽然阔太太也是女人，但她们比一般女性更讨厌被纠缠，所以一味蛮干、鲁莽地要求签约，只会被嗤之以鼻、彻彻底底地受辱。

如果想推销成功，不妨专门以她们作为推销对象，不要再和上班族或一般商家来往。唯有成为阔太太们专属的推销员，"集中攻击"才能获得效果。

原本阔太太就有以欧洲上流贵族分子自居的倾向，因此她们很重视"社交"。只要能和某位名流夫人来往，就能让她们自封半天。她们喜欢夸耀自己的社交圈有多大，认识了多少名流夫人或商界女强人。此外，她们也很推崇"文化"，经常以××沙龙或××俱乐部会员作为身份的象征。

由此可知，阔太太是喜欢社交、喜欢文化的。推销员对症下药，才能收到良好的效果。

常有阔太太与旁人诉说类似下面的事。

"我朋友来电告诉我，要介绍一位保险推销员给我认识。但我先生和孩子都已买了好几份保险，似乎没有再买的必要，所以当时我就委婉拒绝她了。可是我那位朋友却说：'你是怎么搞的！那位推销员可是S寿险公司数一数二的人物哩！所有与他接触的客户都是有来头的，而且交往的对象也都是社会上的名流绅士。你与他来往，不但没有损失，还可能得到利益。像上回，我买不到音乐会的入场券，他就四处为我张罗，及时弄到一张票给我。我还准备在最近介绍给××夫人呢！而你竟然要拒绝这样的人？我认为，他对你先生的事业会有很大的帮助，所以你先生应该也不会反对才是。'由于她一再鼓吹，最后我还是因对方的人缘关系而买了他的保险。呵呵……"

众所周知的，以阔太太为推销对象时，推销员所拥有的客户品质就成了推销时的卖点。如果推销员拥有品质一流的"人缘"以及各种与文化相关的情报，则让阔太太们成为客户，根本不是一件难事。

所以推销员应为成为阔太太人际关系的媒介，以及作为情报网的中心而努力。

常言道"物以类聚"，是说相同性质的东西喜欢彼此接近。如果你是以高薪阶层作为推销目标，不妨也培养出高雅的气质，使用名牌的服饰，多读些与文化艺术相关的书籍，搜集若干吸引人的文化情报，如此才有办法跻身名流圈，向那些阔太太推销你的产品。

说服母亲先要说服孩子

既然被称为母亲，当然是有小孩了。只是小孩的年龄不等，素质也良莠不齐，推销员如想攻下母亲，就应该想好应付各种小孩的对策；绝不能因为急于推销商品就拼命说服母亲，而忽略孩子的存在，如此只会加速失败而已。访问推销，不管是卖大人的产品，还是小孩的用具，生意成功的关键都在小孩的身上，这点请各位铭记在心。

既然小孩如此重要，推销员有必要在日常生活中多研究儿童的心理，以便访问推销时能充分派上用场。以下是几则成功应付小孩的具体实例。

上午，家庭主妇多用心于打扫卫生与洗衣服，这时候，她们多半不欢迎推销员来。而能喘喘气应付推销员的时间大约是下午四点钟，可是这又偏巧是婴儿睡午觉的时间。

K保险公司的S先生只要看到某户人家晒着尿布，就不会随便按门铃，只轻轻敲着门，以示访问之意。当母亲前来开门时，他会用最小的声音向一脸狐疑的母亲说："宝宝正在睡午觉吗？我是K银行的S先生，请多指教。四点多的时候，我会再来拜访一次。"

任何母亲对这种细心的考虑都充满感激，不是立刻邀请他进来坐，便是重新来访时，带着笑意迎接他。

反之，若是大摇大摆地冲进来，只会被对方撵出去罢了。

开始学步时，小孩最喜欢黏着母亲，即使母亲有心想了解产品，也会被孩子纠缠得无法专门听讲。保险的B先生一旦遇到这种类型的客户，就会要求女同事当助理，在商谈过程中，协助母亲照顾尚在学步的幼儿。

这对想了解产品的母亲，无疑是方便不少；但此时若把孩子弄哭了，情况恐怕很不乐观。这点，务必要注意。

该上幼儿园的小孩喜欢凑热闹，只要家里有客人来，不是赖在一旁亲热地撒娇，就是在屋里屋外频频走动。F保险公司的K小姐一旦遇到这种情况，就告诉小朋友说："你想去外面玩吧！现在我帮你把鞋子穿好了，好好去玩一下。"小朋友听阿姨这么说，通常就会穿好鞋子出去了。

这年头，卖给小学生的商品多半是电子琴、钢琴一类的东西。不妨在做产品说明时，要求小孩同坐，并且说："你喜欢唱这首歌吗？如果能自弹自唱那该有多好。"说这句话时，语调要积极，如此才能激发小孩潜在的欲望。

中学生是学习教材、教育存款的理想推销对象。推销教材的F先生做产品介绍时，通常会叫孩子出席，然后对着他说："×同学，如果是你，一定办得到的，但先决条件是你肯去做才行。告诉我，你愿意去做吗？"被这么一问，孩子不点头也不行了。F先生一见他点头，就转而对母亲说："太太，孩子有些愿意了，你是否应该考虑一下……"

F先生正是用这种方式获得小孩的支持，进而说服母亲同意购买这套教材。

除了上述这几种方法外，还可以用糖果、玩具拉拢小孩，只是给糖果时，必须注意母亲的教育方式，如果发现对方不希望小孩吃坏牙齿，就要把糖立刻收起来，而改成其他新奇、有趣的玩具。

第 *8* 章

实战进阶：38 个推销错误与解决之道

错误是一面镜子，能够帮你拭去污点。犯错并不可怕，或许还可激发灵感，可怕的是总犯同一错误。

没有办法突破秘书的障碍

你打了无数电话给一个高级行政人员，但徒劳无功。他的秘书是一个筛选来电的超级高手，因此他一直没有回复你的电话。虽然他是一个很理想的准客户，但你已决定放弃。

错在哪里？

（1）打电话给这家准客户似乎是浪费时间。

（2）不断打电话会令人讨厌；懂事明理的人才不惹人烦。

（3）就算给你接通了，你在对话中也会令人感觉出你的受挫感。

（4）成功推销员的字典里没有"放弃"二字。

（5）你不应该开口这样说："嘿！你们怎么搞的？大机构就有权要人吗？"

正确的解决方案：

可以试着在秘书上班前、午膳时或下班后才打电话过去。那时行政人员也许会亲自接电话。也可以写信说你会在某个时间打电话给他。当然，你要在信中尝试用颇有吸引力的"诱饵"令他注意。传真或电邮给他也可以，总之要有创意。只是不要跟着他回家就是了。

空有信心也是无用的

你对新的推销职位非常兴奋，想立即找区内最大的客户去推销。

也许你会结结巴巴，而且不能让这些大客户完全相信事情对他们有利，但你的诚意却会淹死他们。

错在哪里？

（1）诚意不一定能使你得到生意。

（2）你是新手，大客户对你没信心。

（3）你不愿意先从较小的客户做也许是错的。

（4）到了公司外面你也一样，就像初学橡皮艇，便想划到尼亚加拉大瀑布。

（5）因为初出茅庐而酿成的错误，可能会对主要的客户造成不可挽回的损失。

正确的解决方案：

打电话给较小的客户，问他们问题，开始时先问容易回答的，要找出他们不同意的地方，尝试说服他们。要全身心地投入到推销的竞技场中，吸收经验，要有耐性。要控制你的热诚。在你有机会接触较大和较复杂的客户之前，要肯定你的信心是足够洽谈这项生意的。你也希望能再次踏进他们公司吧，将你的"好高骛远"留在家里。

躺在过去的成绩上

完成了上一次的推销，你觉得好极了。一切都很顺利，你也超额完成了这个月的任务。不过这时你没有开始寻找新客户。

错在哪里？

（1）你的业绩表上没有任何新生意。

（2）你很快便会焦虑。

（3）下一个月的任务要求可能令你忽略跟进，因而没有对现存的客户给予支持和帮助。

正确的解决方案：

要经常寻找新客户。要经常阅读、倾听和寻找线索。每天或每星期留一段时间做以下的工作：打电话、写信（推销或简介）或逐户敲门。请你的客户介绍客人，寻找与自己推销有关联的顾问。你一定要不断撒种，将来才可能获得收成。

只做容易成功的小生意

虽然你做成生意的比率很高，但你联系的却只是很多的小客户，你把自己累垮了。你很快便会发现，这样不会赚到钱。

错在哪里？

（1）当你与小客户做成生意时，你的对手却找到了大客户。

（2）推销时间的回报是无从估计的。

（3）假如你不找大客户，慢慢你便会失去信心。

（4）你失掉不少赚更多钱的机会。

（5）当想做"大"一些时，你已经开始中年发福了。

正确的解决方案：

目标远大些是好的。你会发现较大的客户通常比较小的客户少很多麻烦。先由中型的机构开始提高你的信心，要避免在见高层人员时出现错误。打电话给最高负责人，了解较大客户的背景，要深入了解这家机构。对较大的客户多些探访，会令你工作做得更好些。你要更有创意和更有准备。回报会让你知道，你充分准备是很值得的。

不了解客户的预算

你花了很多时间了解准客户的需要，与管事的人见面，也向他们讲解过你的方案。他们说喜欢你的产品，但现在他们不能肯定他们是否有足够的钱买你的产品。

错在哪里？

（1）你没有预先了解对方的预算是多少。

（2）假如你一早知道他们的预算有限制，你便可以提供一个更合理的方案。

（3）你不能说服你的准客户用信用卡付账。

正确的解决方案：

任何买卖中最重要的问题，是决定准客户要投资多少。你不想浪费时间，就不要让一个只想尝试驾驶的人买一辆名贵轿车。问准客户他们的要求是什么，更重要的是问他们预算的上限和下限是多少。假如他们的回答是"哦！要多少钱我们付多少钱"或者"我们很快就决定"，这时你便要留心了。这些回答令人怀疑。你的方案必须切合客户的需要，但同时也必须刚好适合他们的财务计划。

电话留言不一定有用

到了今天似乎人人都有留言信箱或电话录音。但当你留了口信，通常却很少收到回电。当你终于联络到要找的人，你必定忍不住显得极不耐烦。

错在哪里？

（1）你会对准客户表现出负面的态度。

（2）你浪费很多时间，留一些极少有人回复的口信。

（3）没法接洽便没法谈生意。

（4）你跟现代科技不太合得来。

（5）为了报复，你不回电话、不开门，甚至不理那该死的尖锐火警铃声。

正确的解决方案：

要想好说什么，信息要简而精。说话要清楚，要强调重要的字眼。不要讲得太快和表现推销意图。不要令人有不给你回电的理由。信息的内容要诚恳，不要提到任何传销商。假如你经常要外出，给你的准客户提供几个不同时间，让他可以有所选择地回电话给你。

忘记开发新客户

你知道你要想办法留一些时间找新客户，但跟进现有的客户已让你忙坏了，你只好迟些时候才去处理新客户的问题。

错在哪里？

（1）你没有好好计划。

（2）一旦你被现有的客户缠住了，你的业绩报告表上便不再有任何最新的销售额。

（3）你的经理可能会关注你不平均的销售活动。

（4）如果你用同样的方法找配偶，那便是：现在你已56岁了，可是既无结实的肌肉，也无合适的对象。

（5）当你终于要找新客户时，你便会有一种本来无须有的绝望感。

正确的解决方案：

每天留一些时间找新客户，使它成为一个有可能达到目标的游戏。预备一张要打电话的名单：每个电话要简短，尽可能多打一些电话。不要停停打打，要有系统、有顺序。可以考虑在非办公时间打，以增加找到人的机会。最重要的是不要停止。记住，找新客户的目标是要能约见。

没有接受有效的训练

你对你的产品和所接受的培训满怀信心。此刻你雄心万丈，想立即施展本领。但准客户去哪里找呢？也许你只会由打开电话簿打电话开始。错在哪里？

（1）你忽略了你已经认识的准客户。

（2）你会面对拒绝，这会打击你的信心。

（3）你公司的销售培训不足。

（4）从电话簿中随机打电话给陌生人，不能给你磨炼销售演示的机会。

（5）陌生人很难会介绍准客户给你。

（6）你打电话给你的母亲进行练习，但她不听你的电话。

正确的解决方案：

先跟你现有的客户、朋友和你认识的人（包括同行人士等）倾谈。假如你有一张顾客名单，细看一次，了解这些人第一次买你的货物的原因，以及他们现在正处于购物循环的哪一环节。与明白你处境不同行业的推销员倾谈。你甚至可以尝试"五步原则"，那就是跟你身旁五步之内的人搭讪，看他们是否是合适的准客户。做了这些之后，你会比之前好得多。当你拿起电话时，你会知道你要找的是怎样的人，以及要问什么问题。

找准客户的上司，要小心

你与准客户的上司约了时间见面，因为你的准客户未能给你决定性意见。

错在哪里？

（1）你与准客户将来的一切工作关系都会受到损害。

（2）准客户的上司可能会不满你的骚扰。

（3）你制造了一个非常不自在的商业气氛。

（4）纵使你这次做成生意，但被你甩在一旁的准客户会阻碍你日后的销售。

正确的解决方案：

跟你的准客户讲明你作这个决定的难处。有技巧地问他，他公司还有什么人可以协助你。你可以问"除了你之外，还有谁可以决定下一步的行动"，来界定他是不是真的可以帮助你。告诉他你找他上司的苦衷，看他有没有什么异议。只有当你认为没有什么损失的时候才可以找他的上司，并要经常留意可能产生的后果。

害怕成功率很小的电话推销

你受不了打那么多试探电话。你瞪大眼睛望着电话，好像它要袭击你似的。你为自己制造无数的借口，要拖延这无法避免的工作。

错在哪里？

（1）你每拖延一分钟，便可能损失一个销售的机会。

（2）你不去面对它，便不能克服它。

（3）当你打了许久终于打通了，你大叫"哈利路亚"。

（4）也许你不是适合找新客户的人。

正确的解决方案：

拿起电话打吧。不要期望自己的声调完美，却要准备好被人拒绝。这都是销售过程的一部分。计划在指定时间内打一定数量的电话，做到了，便奖赏自己。虽然这之后让自己"下班"似乎会有反效果，但你可以以此挑战自己，并将真正的销售或者取得约见放在第二位。忘掉压力、放松自己。这样，你的准客户便能听到"真"的你，你的话也会更有说服力、更可靠。

约见的错误

你觉得很难跟准客户定准约见的时间。他对你的口头建议似乎很感兴趣，但当你说想跟他约见一小时，你却只听到挂断电话的声音。

错在哪里？

（1）一小时太长了。

（2）"约见"是医生、牙医和修车厂用的词汇，它们都令人感觉到昂贵和痛楚。

（3）你没有问对问题。

（4）你用了一个错误的词语——"约见"来要求见面。

正确的解决方案：

初次打电话不要要求见面一小时。要尽量简短，甚至只要求少过需要的时间。假如准客户有兴趣，你会有足够多余的时间。"约见"这个词可能有"严肃"的含意，可以用"见面"代替，关键是令准客户有兴趣听你讲的事情。只要引起他的兴趣，不要说明一切细节。让他知道你有证据支持。你提的价码要小，不要给人感觉要价太高。

花太多的时间整理内容

你成了整理物品的专家。你的文件夹子井井有条；你的每一支铅笔都被削尖了；你的桌子一尘不染。问题是你花了两个星期的时间整理你的办公桌。

错在哪里？

（1）你没有做推销。

（2）你忘记了要推销。

（3）你还没有接受足够的训练。

（4）你的对手抢了你的生意。

正确的解决方案：

吸一大口气，行动吧！每次新的推销努力，总会有令你觉得愚蠢（记住"愚蠢"二字）的时刻，你也会增添心灵上的伤痕，但这一切都是一个成功推销员的必经之路。思想要积极！行动要进取！拿起电话来，你会做得很好的，不要理会后果如何，因为你懂得怎样推销。更重要的是，你在看这本书哟！

攻击自己的对手

你的准客户盛赞你的对手；而你却严厉批评你的对手。

错在哪里？

（1）你在反对你的准客户，令他面子上不好看。

（2）这是负面的推销。

（3）这不是有教养的行为。

（4）你自吹自擂："你看，你看，他们一定做不到。"这显得很幼稚。

（5）这样不能揭露对手的弱点。

正确的解决方案：

假如你的准客户称赞你的对手，你要同意他的评价。要找出你的对手哪方面做得好，哪些方面需要改进。问你的准客户是否留意到他们在看午间的电视节目。你的工作是要找出自己如何才能够更好地帮助客户，并且切合他们的需要。

滥谈政治话题

你有很强的主见，尤其当谈到政治时，要告诉准客户你的很多见解。

错在哪里？

（1）你绝对有可能令你的准客户避开你。

（2）你过激的言论会扼杀推销成果。

（3）你在自己的公司很难找到较多的朋友。

（4）你让人觉得你无知。

（5）你也可能是有"政治错误"的。

正确的解决方案：

不要先大发议论，也不要先否定什么。不要说你赞成创造论或进化论。当你熟知了你的准客户，而情况又容许之时，你才可以相对地畅所欲言。问一些引导性的问题，看他的回答可以令你走到哪个地步。之后再构想你和准客户的关系达到的程度。将你的政见留到上网时发表吧！

不要骄傲

你很了不起。你要让所有人都知道你是个出色的推销员，包括你的同事、朋友、客户、准客户和邮差。错在哪里？

（1）你很高傲。

（2）准客户要的是有自信的人，不是骄傲的人。

（3）客户不会想继续和你交易。

（4）你的销售额将会和你自我感觉的大小成反比。

（5）当你需要同事支持时，没有人会帮你。

（6）你很快便会失去所有朋友，却会有多如雪片的垃圾邮件。

正确的解决方案：

你必须有意识地叫自己闭口，并想想你应该说些什么话。要将自己代入对方的位置。你需要修正你的行为，尽量称赞别人，以及承认他们的价值。要倾听和学习"谦卑"这个词，并加以实践。试一试对邮差也采用这种态度，不要怕难为情。

对个别的客户提供超出限度的服务

你对其中一个客户特别照顾，经常超出本分地帮助他。现在，另一个客户看到这种优待，他也要其中一些额外的服务。因为你和这个被忽略的客户的关系没那么好，所以你制造一些借口，解释你为什么不能帮他那么多。换句话说，你在撒谎。

错在哪里？

（1）你和找你帮忙的客户的关系较差。

（2）这个被忽略而要求帮忙的客户，可能会向你的上司投诉。

（3）当你不公正的传言传了出去，你在这行的声誉将会受损。

（4）你处事不公，还讲假话。

（5）你充满内疚感，要急忙找心理辅导。

正确的解决方案：

要尽量对所有客户都公平。没错，你会有一些比较喜欢的客户，但你优待他们的层面只能限于个人的能力范围。所有顾客都应该公平地得到你职业上的帮助。你可能会因为某客户独特的市场技巧而跟他们做生意。在这种情况下，你的选择是可以理解的。

乱找失败的借口

不成功的推销常会有以下的借口：技术支援不足、货品低劣、准客户顽固、两地之间贸易关系不公平甚至管理不当等。你想让全世界的人都知道你的感受。

错在哪里？

（1）你不成熟，不肯为自己的行为负责。

（2）没有人会欣赏和愿意听你的挑剔和抱怨。

（3）你所讲的一切令公司的形象变得很差。

（4）很快你便会发觉你没有盟友或朋友。

（5）很快你也要另找工作。

正确的解决方案：

要改变你的态度。要认真看待你的对手公司，找出他们的货品是否真的比你们优胜，并客观地评估你们公司是否可以更进一步。找管理层人士见面，看你的职业路径可以往哪里走。收集结果之后，假如你仍然发觉你所做的工作和你的前途都没有很正面的答案，请另谋高就。但假如你决定留下来，你便有义务和责任提供意见和建议，改进你公司的产品或服务的质量。

埋怨同事

同事们为你工作。但一旦准客户和顾客发生问题，你总是把责任推到他们其中一个人身上。

错在哪里？

（1）你和同事之间会不和。

（2）你的同事不会那么勤劳尽责，客户得到较差的服务。

（3）当你的客户知道真相之后，他们会看不起你。

（4）你树立了一个坏榜样。

（5）正直、好品格和勇气离你极远。

正确的解决方案：

问题要愈快解决愈好。假如是你错了，要以正确的态度坦白承认。接受批评的时候，要成熟。不要失掉你的有利条件或使其受到限制。假如是你的同事做错了，叫他向客户做出适当的道歉。要令客户看到什么是做对了的，而不是做错了的，这全看你是否能纠正那些一时失准的错误。

忽视第一印象的作用

你不太注重"第一印象"，因为你认为自己不会问愚蠢或无聊的问题，而且自己有非常好的演示技巧。

错在哪里？

（1）假如人家对你的印象不好，你很难得到好的答案。

（2）很多时候你未必有机会再进一步演示你要推销的东西。

（3）这个准客户不会介绍别人给你。

（4）你处理客户事情的时候，不像一个专业的推销员。

正确的解决方案：

尝试令准客户喜欢你和你的公司是一件好事。假如他们对你没有戒心，他们会放松一点，并会跟你多分享些他们关注的事情。要有礼貌、有笑容，这样你的准客户多数会温和些。在初次见面时，要真诚地微笑和有眼神接触，但不要死盯着对方。假如他们觉得你好像在施催眠术，他们会很不自在。要做适当的问候和握手。初次打电话给准客户时，要称呼他们为先生、小姐，不要像熟人般叫他们的名字。要亲切友善，也要尊重对方、尊重自己。

攻击性太强

你雄心勃勃，也颇具攻击性，且要求很高。你对营业经理的秘书也是粗声粗气。

错在哪里？

（1）你不会知道秘书会在你上司面前讲你什么，更不会知道你的行为会造成多大的后果。

（2）秘书可能会有一些重要的人事关系，在公司有很重要的地位。

（3）你那份需要在星期五打好的报告忽然神秘地"失踪了"。

（4）得到内幕消息的通道阻塞了。

（5）假如有朝一日你成为经理，没有人会愿意做你的秘书。

（6）还没有和人家喝过咖啡，就想请人家吃饭。

正确的解决方案：

对公司的同事要像对客户一样，尽可能尊重他们，问一些显出你是真的关心他们的问题。

要回应他们的问题和记住他们的生日。假如你们的沟通有问题，要拿出来讲，尝试解决它。

假如问题未能解决，不要不理。跟你的经理商量，并解释这些失败的事情如何影响了你的工作。

轻易和客户争辩

你和一个准客户倾谈，你发觉你有很多不以为然的地方。你不能容忍不同的意见，因此你要争辩。

错在哪里？

（1）你肯定不知道什么叫建立关系。

（2）你的"名声"必定传播开来，叫人避之不及。

（3）你无须打跟进的电话。

（4）你雇主的声誉会受到损伤。

（5）要当小兵另建新事业？你已太老。

正确的解决方案：

也许你要维护你的观点，但"慎言"是成功推销之道。要倾听准客户说什么，但亦要想办法让他渐渐从你的角度看事情。给他一个全新的大屏幕电视是没有用的。开始的时候，要建立互相信任的关系，这是非常重要的。敌对的关系只会削弱你们找到共识的机会。当你们都能互相尊重，你才可以表示不同意。在推销过程中，忍耐和自制是绝对有益的。

要显出你很想做成这宗生意，不要争辩。要争辩，跟你的孩子去争吧。

开口就说错话

你坐在准客户对面，开口说："你们是全世界最大的公司之一，你们做的是什么生意？"

错在哪里？

（1）很明显你不知道什么叫"资料搜集"。

（2）人家会怀疑你对他们公司和他们的生意到底有没有兴趣。

（3）你的说话技巧需要好好磨炼。

（4）你的第二条问题是："好，好，轮到我说了！嗯……好，好，你们的食堂今天有什么午餐？"

（5）你在破坏自己的可信程度。

正确的解决方案：

记住推销第一守则：搜集资料！

假如他们是上市公司，你可以看他们的年度报告。上网找资料、搜集报上的资料。打电话给总经理的母亲（他家里的电话通常都会登出来）倾谈。找那些可能与这间公司有往来的客户和朋友倾谈。要尽量知道有关准客户的事情，因为这是你们成为合作伙伴所需的第一步。

只重视价格

你和准客户开会，你一开口便说："无论你现在付多少钱，我们的价钱必定更低!"

错在哪里?

(1)准客户其他的需要都会被忽略,因为你只注重价钱。

(2)你还没有听对方讲话。

(3)在准客户面前压价很没礼貌。

(4)你只是推销货品,不是服务。

(5)这不是有商量的销售,这是宣告。

(6)你好像讨厌的收音机广告。

正确的解决方案:

问准客户在寻找什么、需要什么。你无须一开始便讲出你的销售价,应该先了解他要买到什么。要说服他同意你的方案中的价值,远胜过单单只是给他一个价钱。假如最初你未能说服他,你可以再跟他数说一次他将会得到的好处。假如这还是不行,告诉他你会等到他买时才离开。成功的推销员会令准客户想和你做生意。不要计较代价。

从自己的角度出发

你将光面的小册子、最新的录影带、一张介绍你们所有产品的光碟等宣传资料递给你的准客户,向他表明为什么他应选择你的产品。但你却忘了问这个有兴趣的准客户,他到底需要的是什么。

错在哪里?

(1)你浪费了昂贵的附属物资。

(2)在打电话给这个客户之前,你不愿做必须的准备工作。

(3)你没有试图找出客户的需要。

(4)糟了!你给客户的其中一盒录影带,原来是这个暑假你和家人到迪斯尼乐园玩时拍的。

正确的解决方案：

要提出问题和细心倾听，将自己当作一个侦探。找出他关注的事情、研究可行的方案，然后对准客户详细讲解。附属物资有需要才派发。取回你那盒录影带。记住，这些都是辅助的资料。小册子并不会推销，人才会。

说得太多

这是你第一次拜访这家客户。你只有五分钟的时间，对客户的女总经理推销你自己和你的公司。你有太多东西要讲，因此你尝试尽量有多少说多少。

错在哪里？

（1）假如你漫无目的地讲出一大堆资料，那总经理只会听得一头雾水。

（2）她不会觉得你讲出了她所需要的内容。

（3）这个客户也看不出你和其他对手有什么分别。

（4）当你被请出这公司后，你发觉你不应该说"女人在厨房比较好些"。

（5）五分钟的时间会过得好快、好快。

正确的解决方案：

要研究你的准客户，看他们在什么地方可能会需要你的产品或服务。要尝试找出最"合适"的。与那家机构中和总经理一起工作的人倾谈，了解她有什么喜欢、不喜欢的，以及她做生意的宗旨。当你演示时，要为这公司的需求订制合适的方案。自己先试讲一次，不要浪费一分一秒。那五分钟是极为宝贵的。若你准备充足，定会有所回报。除非她骂你、笑你，否则你不要进行人身攻击。

自以为已经成交

准客户列了一张要你回应的关注事项的清单。你随口在他办公室大声答应说会尽量解决。准客户没有答应过什么，你也没有问他你的答案是否能令你做成生意。你只是颇为肯定地认为交易很快将完成。

错在哪里？

（1）你提供了资料，对方却没有答应过一定会有回报。

（2）准客户利用你的天真。

（3）你所下的功夫可能是为对手而做。

（4）热诚掩盖了你的理智。

（5）你们没有商量好共同的目标，你便开始工作。

正确的解决方案：

交易是一种互相给予的过程。假如准客户要求一些东西，而你能给他，你便要想他可以给你什么做回报。这叫以物易物。假如你满足了准客户所需，你便要问他这是否已足够令他买你们的产品。这是一个很有效的问题，可以知道他是否真有兴趣跟你做生意。

忽略客户的太太

你向一对夫妇推销。当你口若悬河地演示之际，你只将注意力集中在那位丈夫身上。

错在哪里？

（1）你看来有点性别歧视。

（2）太太被忽略了。

（3）她可能对买与不买有很大的影响力。

（4）你仍然不认为女人应该投票。

（5）那丈夫可能会因为你不向他太太讲解而不满。

正确的解决方案：

今日社会，妇女比从前有更多决定权。要问她们问题，找出她们的所需，说明她们可以得到益处。对二人都要有眼神交流。问一些问题，从而得知谁对这买卖有主要的影响力。当你知道是谁之后，集中在他（她）身上以调整他们的购买意愿。就算你发现其中一方和你有很好的交流，你也要尽量在谈话中照顾另一方的情绪。不要忽略任何一方。

不理客户的内部工作程序

你拜访一个大客户，却不知他们采购部、营业部、推销部、货品控制部等的关系和彼此间如何运作。你认为你的工作是推销，所以知不知道整家机构如何运作也无关紧要。

错在哪里？

（1）你不知道部门之间如何互相影响。

（2）你没有真正努力去了解和认识你的客户。

（3）你可能永远不会知道，最终由谁来做购买的决定。

（4）假如你在一个部门碰壁，你不会知道在这公司的哪个部门还可以找到支持。

（5）你甚至将车子停在总经理的车位而不以为然，因为你不是去见他。

（6）假如他们内部有什么变动，你很难知道对你会有什么影响。

正确的解决方案：

尽可能知道客户的一切，这是非常重要的。不同部门的人认识得愈多愈好，也要找出每个部门在达成交易方面扮演什么角色。要找出你所推销的如何符合主要部门的需要。

不理解客户心里的话

你和客户倾谈时，你发觉她没有讲出心里不同意的话。但你没有想过要理会她那隐藏的或未说的话，你只根据她所说的继续讲下去。

错在哪里？

（1）你没有处理她所有不同意的地方，只应付了那些她已讲出的。

（2）很多时候，未讲出的反对意见是最重要的。

（3）你所提供的方案只能满足你，不能满足她。

（4）你曾经向你所爱的人求婚，但你明知她未考虑过你便接受了一份出国的工作。

（5）未来的对话只会是很表面的，你也会避开主要的议题。

正确的解决方案：

"隐藏"的或个人关注的事，一日未得到处理，生意都不会做成。一些重要而未曾问的问题可能是：客户个人要冒什么险？这会增加他的工作量吗？他是明智还是糊涂？这次交易会稳固他在公司的地位吗？这个决定对他是否有正面的影响？要揣测隐形的议程，要将这次交易构思到不单对这公司有利，也对做出购买决定的人有利。

亲切变成了轻视

你与准客户初次见面，他是一家中型公司的总经理，个性保守。你这样跟他打招呼："嗨！老陈！"并使劲地拍着他的背。

错在哪里？

（1）你太冒昧了。

（2）开会前，气氛已经弄糟。

（3）其余开会的人也会因你这样对他们的"领导人"而不满。

（4）推销的结果一定会令你失望。

（5）会议的结果会令你的准客户面带愠色。

正确的解决方案：

要根据准客户的行动来决定开会的气氛。要以小心调节好的态度问问题。假如准客户较为开门见山，你也开门见山。除非总经理让你称呼他的名字，否则不要这样称呼他。要按捺住自己的热情，以你的专业作风赢取他的尊重。记住，假如你拍他肩臂，令他脱臼，你更难继续讲下去。

你听过"墨菲定律"吗

当你正在安排精彩的多媒体演示时，你的电脑坏了，液晶体显示屏也不能运作，而你根本没想过要带备用的幻灯片——这就是"墨菲定律"（Murphy's Law）中很重要的一条：你担心会出问题的事情，一定会出问题！

错在哪里？

（1）这次演示令你想起最近替岳母重装电线的狼狈相。

（2）演示前，你没有检查所有组件。

（3）你没有带后备材料。

（4）你可能因自己的失误而内疚。

正确的解决方案：

必要的时候才用多媒体。假如放映机已足够，不要用更新的科技。要简单，并且直接、有效。假如必须用录影机或电脑，要一再检查，确保运作正常。要熟识它们，不要连录影机的"停止"按钮在哪里也不知道。不要预设时间了，没有人会懂得用的。

见面不能集中精力

当你问准客户问题时，你心不在焉。你看起来漫不经心或心事重重。

错在哪里？

（1）准客户会发现你没有兴趣跟他谈。

（2）你没有集中精神于面前的情况。

（3）尚未开始，推销已经注定失败。

（4）你有点古怪。

（5）你没有为公司树立好榜样。

正确的解决方案：

找每个准客户之前，先让自己的头脑清晰，然后要小心倾听。要集中精力在准客户和他所说的话上。问合适的问题、要有眼神的接触。写笔记，而且在适当的时候点头表示知道或同意。不要做小动作。

不理解下一步做什么

你和准客户见过面，交换了大量资讯。但道别后，你不知下一步要做什么。

错在哪里？

（1）见面开会时，没有特定的议程。

（2）你没有给自己和准客户预备下次见面的好理由。

（3）你不知如何构思一个行动计划。

（4）准客户很高兴和你倾谈，也得到一些新资讯，却看不出这对他有什么益处。

（5）你实在太迷惘了，所以坐计程车回办公室，忘记了你是开车到准客户那儿去的。

正确的解决方案：

每次见客，你都要有明确的目标，并清楚自己要达成什么目标。要倾听客户的话，但也要"塑造"谈话的内容，使你的问题得到解答。不到接近成交的阶段，不要提供明确的方案。要成为准客户的"财产"，不要轻易地让客户过河拆桥。

展示不够专业水准

你没有为你的示范表演做充足的准备。你还未讲完，摸不着头脑的准客户已经离去。

错在哪里？

（1）生意肯定做不成了。

（2）你已失掉了你的信誉。

（3）你花在预备示范、向准客户推销上的时间全白费了。

（4）你常以为"示范"跟"吃饭"一样容易。

（5）你肯定没有养成良好的推销习惯。

正确的解决方案：

练习！练习！练习！要对演示了如指掌：前、后、左、右、倒转……总之每一方面都要清楚。请公司的同事或经理帮你给准客户的演示彩排。不要草草了事，也不要只预备一些预计对方会提问的"标准答案"。要记住重点是客户的需要，以及标榜你产品的好处。

在适当的时候，尽量让准客户参与演示。

信口雌黄会破坏生意

你与准客户初次见面，便口若悬河地描述你的产品。你说得忘乎所以，于是你加了很多的"语气词"，滔滔不绝。

错在哪里？

（1）你会得罪准客户。

（2）你这样的行为对你的公司有坏影响。

（3）你不会让人觉得你高尚和专业。

（4）准客户不会放心将你介绍给公司里的其他人。

（5）他也不愿意向别人推荐你。

（6）你会因自己的信口雌黄被撵走。

正确的解决方案：

会见客人时要小心使用词语。就算对方言语粗俗，也不要仿效他。永远不要粗言秽语和讲低级笑话，当然幽默笑话除外。谈话要有专业水平；举止也要有相应的效果。

回避"刺头"客户

你和营业经理一起商业旅行，你只拜访那些与你关系良好、合作愉快的客户。你有意避开那些难搞的或者问题不断的客户。

错在哪里？

（1）你没有让经理发挥他的专业技能。

（2）管理阶层会对你的推销状况有个片面的错误印象。

（3）你拜访的客户若不难应付，无须你们一起去。

（4）将来当别的客户出现问题并十分严重时，管理阶层会有意料之外的不悦。

（5）你是一个好的营业代表，但你的行动计划却很差。仔细想想，你不觉得自己很蠢吗？

正确的解决方案：

这里所讲的，是你要利用管理阶层的力量帮你应付难搞的客户，而不是要他欣赏你与客户关系良好。向他说明问题，集思广益，谋求解决的方案。让他知道你所知道的和你能做的事情。你也要利用经理的经验，从他所知的、所做的以及他如何利用关系解决问题等方面进行学习。这是合作推销的好机会，会使你的工作容易得多。

不能充分讨论的说话方式

当见准客户时，你具有良好推销员的表现，也问了很多问题。但你得到的只是"是"或"不是"的答案，极少有其他答话。

错在哪里？

（1）你做成的生意不多。

（2）你只问是与否的问题，没有问发挥性的问题。

（3）为了得到对方的回答，你只问一两个字的问题（如何、怎样等）。

（4）准客户还不放心和你坦诚交谈。

（5）你问的一些发挥性的问题，似乎未能让他细心思考。

（6）你没有取得足够的"分数"去打跟进的电话和做进一步的推销。

正确的解决方案：

当你达到让准客户放心和你倾谈后，要问他一些经过思考才能回答的问题。你要将"是非题"和"发挥题"配合起来去问。是非题给你资料、数据；发挥题则让你知道现况、对方的期望和关注的事情。要让准客户衡量和比较，要他分析什么是重要的，以及仔细想想有什么是需要的。请他谈谈他的对手（最好他也谈谈你的对手）。问他对某些事物的"感觉"；请他表达他本人的感受，而不是讲公司的宗旨。你可以问他"公司其他人都是这样想吗"这类极有益处的问题，问题必须简洁，并适合他的情况和身份。

太差的记忆力

你完成了交易。离开客户的办公室时，你觉得自己忘了一些什么，但总是想不起来。你带着满脑子的疑惑回到办公室，开始用长长的下午时光去打另一些试探性的电话。

错在哪里？

（1）你没有叫客户向你推荐别的新客户。

（2）你失去打电话给有潜力的准客户的机会。

（3）你失去利用客户做介绍人的机会。

（4）你失去了缩短推销过程的时机。

（5）你记起了你把什么遗忘在客户的办公室——但你所需要的客户推介，现在却找不回来了。

正确的解决方案：

在见客之前，写下你要达到或要完成的事情。将这份清单和你的购菜单分开放（若你一时拿错了，问他要买什么菜，你便尴尬死了）。之后，你可以叫产品部经理介绍一些客户给你。无论生意做不做得成，你都可以叫他介绍。准客户可能有理由不跟你交易，但他可能认识其他会用你的产品或要你服务的人。要求和善用推介，是成功的专业推销员的重要武器。